O SISTEMA TRIBUTÁRIO
NO ESTADO DOS CIDADÃOS

DIOGO LEITE DE CAMPOS

Professor Catedrático da Faculdade
de Direito de Coimbra

O SISTEMA TRIBUTÁRIO NO ESTADO DOS CIDADÃOS

ALMEDINA

O SISTEMA TRIBUTÁRIO
NO ESTADO DOS CIDADÃOS

AUTOR
DIOGO LEITE DE CAMPOS

EDITOR
EDIÇÕES ALMEDINA, SA
Rua da Estrela, n.º 6
3000-161 Coimbra
Tel.: 239 851 904
Fax: 239 851 901
www.almedina.net
editora@almedina.net

PRÉ-IMPRESSÃO • IMPRESSÃO • ACABAMENTO
G.C. – GRÁFICA DE COIMBRA, LDA.
Palheira – Assafarge
3001-453 Coimbra
producao@graficadecoimbra.pt

Junho, 2006

DEPÓSITO LEGAL
244455/06

Os dados e as opiniões inseridos na presente publicação
são da exclusiva responsabilidade do(s) seu(s) autor(es).

Toda a reprodução desta obra, por fotocópia ou outro qualquer processo,
sem prévia autorização escrita do Editor,
é ilícita e passível de procedimento judicial contra o infractor.

RECONHECIMENTO

Numa obra de síntese como a que se segue, constituída sobretudo por textos de conferências, é difícil expressar através de remissões o reconhecimento que se deve aos que para ela contribuíram.

Portanto, destaco Alberto Xavier e Cardoso da Costa que foram decisivos na minha formação em Direito Fiscal e, portanto, na presente obra. Como criar em Direito Fiscal é muitas vezes transpor dos outros ramos do Direito, lembro e agradeço os contributos decisivos dos meus Mestres privatistas e publicistas, desde logo Antunes Varela, Jean Carbonnier, François Terré, Pereira Coelho, Rui de Alarcão, Afonso Rodrigues Queiró e Rogério Ehrhardt Soares. Lembro também os Magistrados, Funcionários da Administração Fiscal e Advogados que tanto têm feito a favor de um Direito Fiscal mais justo seguro e eficaz. Recordo com particular admiração os Conselheiros Dr. Benjamim Silva Rodrigues e Dr. Jorge Lopes de Sousa com quem publiquei a "Lei Geral Tributária anotada e comentada." E a minha Mulher Mônica com quem escrevi o "Direito Tributário".

Mas esta obra e quase todas as que publiquei não teriam sido possíveis sem os meus Editores de sempre, Joaquim Machado e Carlos Pinto, das Edições Almedina. A estes, toda a minha gratidão.

INTRODUÇÃO

Desde sempre, desde que os romanos "inventaram" o imposto (... por César), o problema fundamental tem sido o de o conformar à justiça e à vontade do povo – nos sistemas políticos democráticos.

O imposto "nasceu" caracterizado pela *odiositas,* fundado sobre a sua essência de mal necessário, de limitação do Direito pela força, de instrumento de denominação, de império. Enquanto as relações civis retiravam a sua força da justiça que realizavam como instrumento de cooperação entre homens livres e iguais.

O carácter do imposto como produto e instrumento de um sistema de dominação foi evidente desde a grave crise que o Império Romano atravessou a partir do século III. No decurso do principado de Diocleciano, a economia e a sociedade são organizadas em termos de acampamento militar. O imperador, depois de rejeitar a possibilidade de o funcionamento da economia de mercado levar ao auto-equilibrio da economia, propõe a coacção como único instrumento de estabilização. Impõe uma escala de preços máximos para uma imensa lista de bens e serviços, estabelecendo como única sanção, para os infractores, a morte. Simultaneamente, os impostos, destinados a manter uma máquina administrativa e militar crescente, aumentaram rapidamente.

Criou-se um conjunto de impostos para financiar o aparelho administrativo e militar: um imposto geral sobre as vendas; um imposto sobre o rendimento; múltiplas prestações de serviços obrigatórias (transporte, fabrico de pão, etc.). As actividades profissionais foram organizadas em corporações, elementos e instrumentos do Estado, com carácter coactivo e hereditário.

Na última fase da sua história, a romanidade transforma-se numa comunidade em que todos trabalham, mas ninguém para si próprio. A propriedade mantém-se, é certo, como o "fundamento inamovível das relações humanas"; mas a sua função deixou de ser ligada "naturalmente" à satisfação das necessidades do seu titular.

A propriedade passa a ser, antes de mais, uma manifestação da capacidade contributiva. O Estado que, segundo Cícero, se criara para proteger o direito de propriedade, transforma este na base de um sistema de servidões sobre o homem. Lactâncio ilustra, nos seguintes termos, a herança romana do imposto:

"Os colectores de imposto mediam as terras até ao mais pequeno torrão, contavam as cepas de videira e as árvores, inscreviam os animais de todas as espécies, tomavam nota de todas as pessoas. O povo dos campos recebia ordem de se juntar ao das cidades, de modo que todas as praças públicas estavam cheias pelos filhos e pelos escravos. De todos os lados vinha o barulho dos chicotes e dos instrumentos de suplício; torturavam-se os filhos para os obrigar a depor contra os pais, os escravos mais fiéis contra os donos, as mulheres contra os maridos. Os que não tinham nem mulher, nem filhos, nem escravos, eram torturados para lhes extorquir confissões contra eles próprios. E, quando vencidos, declaravam mesmo o que não tinham, logo isto se registava. Nem a idade nem a doença constituíam escusa. Os colectores faziam vir os doentes e os enfermos para se inscreverem. Fixavam a idade de cada um: às crianças, aumentavam anos; diminuíam-nos aos velhos....

Pagava-se por cabeça; pagava-se para se ter direito de viver".
(De mortibus persecutorum, cap. XXIII).

Eis, pois, o legado de Roma em matéria fiscal: o imposto como produto e instrumento da opressão, crescendo à medida que se desenvolve a máquina político-administrativa; assente na força pura, sem referência à justiça.

Concluo que herdamos de Roma o imposto, mas não o Direito dos impostos. Com efeito, não é a força que cria o Direito, mas este "justifica" a força que não é mais do que um instrumento de acção do Direito. O Direito sendo uma ordem de justiça, não pressupõe a força – embora dela necessite eventualmente na sua actuação. A obediência à lei só é devida no pressuposto e na medida da sua justiça. Sem justiça, a lei é mera ordem e a força que se usa para a aplicar torna-se violência ilegítima. O que não significa rejeitar o imposto.

O imposto tem sido aceite como um preço da liberdade de possuir e de agir. Os bens, o seu comércio e a actividade de cada um, pertencem a este mesmo.

Mas este deve (ou é obrigado) a contribuir com uma parte desses bens ou rendimentos para as necessidades comuns. Se assim não fosse, a alternativa seria: ou a comunidade se apropriaria de todos os bens, mesmo do trabalho dos seus membros, dando-lhes o necessário para sobreviver segundo a hierarquia social; ou a falta de excedentes consagrados às necessidades comuns (quanto mais não fosse ao progresso da técnica) limitaria severamente o progresso da comunidade.

A explosão do anarquismo em matéria de impostos (como da obrigação política em geral) visa fugir às estruturas financeiras do Estado – e ao esforço e trabalho que elas exigem – para criar um mundo imaginário, sem respostas, ou em que os impostos (as "respostas dadas") seriam pagos só pelos outros. Afirmando-se que toda a obrigação vai contra a natureza da liberdade.

Ora, o ser humano é essencialmente político, em termos de algumas das formas mais perfeitas da existência humana só serem possíveis na "polis".

Há, assim, um "espaço" comum que já designei por "nós" (Diogo Leite de Campos, Nós, Estudos sobre o Direito das pessoas, Coimbra, Almedina, 2004). Portanto, as contribuições de cada cidadão (do "eu") para a colectividade (o "nós") são, não só necessárias mas "naturais", ligadas à própria maneira de ser da pessoa humana. Mas esta é, antes de mais, livre.

Julgo que o único modelo aceitável é o da definição pelo povo das necessidades e dos meios para as cobrir.

A liberdade que está com a razão na própria raiz da existência do ser humano, combinada com esta transforma-se numa liberdade segundo a razão. Apresentando-se a ordem política como uma ordem justa, entre seres livres. Ou, se quisermos, como a ordem menos injusta numa certa circunstância histórica. Aqui devemos situar os impostos.

Reponho o problema: o "Estado" que devia ser o primeiro garante dos direitos individuais e o principal promotor do bem público através dos impostos, aparece demasiadamente caracterizado como violador dos direitos individuais através dos impostos. Como resolver?

Daqui o ressurgir insistente da noção de *contribuição* em vez do *imposto*: é o povo que diz aos governantes quais as necessidades que pretende ver satisfeitas e as contribuições que está disposto a fazer para a sua satisfação.

10 O Sistema Tributário no Estado dos Cidadãos

Em vez de serem os governantes a definirem autoritariamente as necessidades públicas e os montantes que exigem (impõem) ao povo para as cobrir.

Quando a imposição financeira se torna tão elevada que, embora os bens e o trabalho estejam na titularidade dos cidadãos, quem deles dispõe, quem os goza, são os governantes, seus verdadeiros proprietários, na ausência da justiça é tão legítima a vontade dos governantes de que os cidadãos entreguem todos os seus bens, como a dos cidadãos em não pagarem nada.

A relação entre o nível de obrigação política consentida e o grau de imposição revela um certo estado de saúde da comunidade política: saúde, se a obrigação consentida leva vantagem, doença, se a imposição predomina.

Logo que há uma imposição que se recusa a qualquer crítica, aquela deixa de deixa de ser convincente, a imposição predomina e a democracia desaparece. Nega-se cada um como limite, transformando-o em mero suporte do eu – o "ser-objecto" de Marcuse.

Através de uma carga fiscal demasiadamente elevada, o Estado passa a ser o real proprietário dos bens e rendimentos do trabalho dos cidadãos.

O real "proprietário" é quem disfruta dos bens. Caminha-se assim, por pequenas doses, ao longo dos decénios, para regimes realmente tirânicos, com sérias limitações dos direitos, liberdades e garantias dos cidadãos. Em termos de o poder político definir as prestações financeiras que exige para satisfazer as suas necessidades, os devedores, o local e o prazo do seu cumprimento. Limitando as possibilidades de os cidadãos reagirem contra a criação dos impostos e a sua aplicação. Alterando constantemente a relação tributária conforme os seus interesses e muitas vezes no decurso desta. Atribuindo os incumprimentos ou a inefectividade das leis ao comportamento desviante dos cidadãos, em vez de à (legítima) rejeição por eles de leis injustas. E fazendo crescer a violência mais do que proporcionalmente ao crescimento da rejeição social.

Tudo a coberto do princípio da auto-tributação: diz-se que os impostos são criados pelo povo através das suas assembleias representativas.

Salvaguarda-se, portanto, pelo menos formalmente, a vontade popular como definidora de contribuições; ocultando-se a vontade de poder dos governantes por detrás dos impostos. E afastam-se os cidadãos do cumprimento espontâneo das leis, com diminuição do seu lealismo.

A expressão lealismo (Raymond Polin, Iniciação política – O homem e o Estado, Publicações Europa -América, Lisboa, s. d., pág. 21) sublinha a importância da lealdade em relação às leis e à "ordem justa" de que estas são a definição.

O amor da Pátria é o amor da lei e da liberdade (Rousseau, Considerações sobre o Governo da Polónia, cap. IV, Pléiade, p. 966). Seria necessário que o legislador de Rousseau conhecesse todas as paixões dos homens, mas que não experimentasse nenhuma, a não ser a paixão do bem comum (Rousseau, Contrato social, II, cap. VII). Bem comum cada vez mais oculto pela teia dos interesses particulares e cada vez menos definido pelos cidadãos.

A insuficiência (crescente?) dos canais de comunicação entre o povo e os seus representantes tem vindo a ser posta em relevo pelas ciências políticas e pela história. Uma das respostas (frequente no séc. XX) foi a de atribuir a representatividade exclusiva a uma pessoa, a um grupo ou a uma organização "iluminada" – (partido único, vanguarda, chefe, caudilho, etc.).

Num regime totalitário o indivíduo é representado apenas como um elemento do todo e em função da sua participação no todo. A obrigação política seria uma relação substancial, imanente à natureza do Estado e do homem no Estado (Hegel, Filosofia do Direito, págs. 257 e 261). A liberdade e a existência só teriam realidade na realização da obrigação para com o todo, resumindo-se ao dever do indivíduo perante o Estado a liberdade substancial do cidadão. O que o Estado exige como dever seria imediatamente o único direito de individualidade. (Raymond Polin, Iniciação Política, O homem e o Estado, Publicações Europa América, Lisboa, 1976, cap. I). Resumindo-se o "Direito" dos impostos ao "dever de pagar impostos".

Contudo, uma ordem política só é viável quando não se apoiar exclusivamente na violência – "o mais forte nunca é bastante forte para ser sempre o senhor se não souber transformar a sua força em direito e a obediência em dever" (Rousseau, Contrato social, I, cap. III, Pléiade, p. 354).

Desde a queda da maioria dos regimes totalitários do século XX, tem-se vindo a aprofundar a noção de cidadania, a participação efectiva de cada um e de todos no seu destino, a nível do destino comum.

Há condições e limites a opor à obrigação política consentida, em princípio, e deles pode deduzir-se as modalidades de um direito de "desobediência" e de um direito de resistência.

A obrigação política consentida pelos membros de um sistema político deve ser absoluta num regime saudável, mas está ligada à fé dos cidadãos nos valores fundamentais do sistema. Está ameaçada, e com ela todo o regime político, desde que essa fé, esse lealismo percam a sua intensidade e a sua universalidade.

Cada vez que um indivíduo vê os seus direitos fundamentais ameaçados pela aplicação da lei tem o poder de, por todos os meios, os defender. Ameaçando-o, a lei franqueia-lhe o direito à resistência.

O permanente divórcio entre impostos, por um lado, direitos/liberdades/garantias, por outro, cria conflitos entre a obrigação política e o direito à liberdade. As tensões que se geram na vida política da comunidade põem em causa o funcionamento das instituições, a prossecução do bem comum na paz. A obrigação política de pagar impostos deixa de ser respeitada, em benefício da liberdade de os não pagar.

Situações que se inspirem numa política sem ética são tão unilaterais e ineficazes como as éticas sem política. Excluindo toda a conciliação, todo o compromisso, reduzem toda a liberdade a um exercício abstracto e a existência a um jogo de violência, à reciprocidade do terror, numa guerra cujo único objectivo seria o da sobrevivência sem fim e sem futuro (Raymond Polin, ob. loc. cits.).

E voltamos ao problema inicial: como fazer com que o "Estado fiscal" se integre no Estado-dos-direitos (liberdades e garantias)?

No "Direito" dos impostos, a política com ética, a lei assente na justiça têm sido particularmente difíceis pela necessidade vital que os grupos dominantes têm de grande volume de receitas públicas para adquirir e manter o poder.

Assim, os tribunais comuns surgem normalmente antes dos tribunais fiscais; o estatuto de autoridade da administração pública não tributária esbate-se antes da autoridade dos que impõem tributos; as garantias dos contribuintes surgem depois dos direitos do "administrador", etc.

O divórcio actual entre impostos (poder unilateral) e Direito (democracia/justiça) envolve a rejeição acrescida dos sistemas fiscais e da utilização que os governantes dão às receitas públicas. É certo que a batalha da cidadania já se trava, embora no começo, a nível da responsabilização dos administradores pela lícita e eficaz utilização dos dinheiros públicos. Mas a vigilância dos cidadãos (e dos tribunais) ainda está mal desperta nesta matéria.

Introdução 13

A supremacia da Administração é bem patente nos meios de que esta dispõe para forçar o contribuinte ao cumprimento das obrigações que declare impenderem sobre ele.

O "Direito fiscal" continua a ignorar que no Estado-de-Direito--democrático a lei tem como pressuposto e justificação a justiça e que o funcionamento do Estado é intimamente participado pelos cidadãos (Estado-dos-cidadãos) anteriores e superiores ao Estado através dos seus direitos (Estado-dos-direitos).

A Administração notifica o contribuinte de uma obrigação. Este pode impugnar, desde logo, o acto tributário. Contudo, tal não impedirá a Administração de propor uma acção executiva ou de esta prosseguir se já foi proposta. A execução sé é suspensa se houver penhora ou prestação de caução ou, naturalmente, se o imposto for pago.

Em qualquer destes casos, o contribuinte sofrerá um prejuízo: com a penhora dos bens, com o pagamento do imposto, com a prestação da caução. Portanto, mesmo que ganhe a acção...perde.

Esta situação de clara injustiça é agravada pelas limitações impostas à defesa do contribuinte no caso de execução. O contribuinte não pode opor-se à execução invocando a ilegalidade da dívida exequenda (art. 176.º do CPPT). Se o contribuinte deixar passar o prazo de impugnação do imposto, encontrar-se-á praticamente desprovido de meios de defesa perante a execução.

O sistema actual está baseado na seguinte ideia: a Administração fiscal declara (autoritariamente) as obrigações dos cidadãos; como se presume a legalidade do procedimento e, contrariamente, a ilegalidade da oposição do contribuinte, daqui decorrem duas consequências: é o contribuinte que tem de convencer judicialmente a Administração da ilegalidade; enquanto o não fizer, tem de garantir o interesse – presumido legítimo – da Administração em ser satisfeita.

Contudo, o artigo 106.º da Constituição, ao determinar que ninguém pode ser obrigado a pagar impostos que não tenham sido criados nos termos da Constituição e cuja cobrança e liquidação se não façam nos termos da lei, vem destruir este sistema. Estabelece o direito de resistência dos contribuintes, o direito de não pagar impostos inconstitucionais ou ilegais.

A Constituição presume que os agentes da Administração são tão falíveis como qualquer homem. Só uma decisão judicial oferece suficientes garantias. Assim, a Administração terá sempre de convencer o contribuinte através de uma decisão judicial. A autoridade é transferida da Administração para o Tribunal, sendo o cidadão e a Administração colocados em pé de igualdade.

A supremacia – injustificável – da Administração também se evidencia sobejamente em matéria de fixação da matéria colectável (preços de transferência, métodos indirectos, cláusula geral anti-abuso, etc.).

A lei não fixa critérios precisos que vinculem a actividade da Administração. Fica em aberto um espaço que vai ser preenchido pelo agente da Administração através dos seus critérios "técnicos" de avaliação.

Note-se, desde já, que tal liberdade deixada à Administração é inconstitucional. O princípio de legalidade dos impostos impõe que o conteúdo da decisão do órgão que vai aplicar o Direito se encontre rigorosamente delimitado na lei. A Administração deverá limitar-se a subsumir o facto na norma; noutra perspectiva se dirá que o contribuinte deve poder conhecer a sua obrigação fiscal mediante simples leitura da lei, sem intermediação da Administração.

Adam Smith acentua que, se a legalidade dos impostos não for respeitada, os contribuintes ficarão nas mãos da Administração fiscal e dos seus agentes que os poderão sujeitar a agravamentos injustificados e extorsões. ("... a doutrina e a jurisprudência judicial inadmitem seja outorgada qualquer flexibilidade, a mínima maleabilidade, a menor elasticidade à Administração, na regulamentação da norma, pois o poder de regular se confunde com aquele outro de exigir..." escreve Ives Gandra da Silva Martins, "O imposto complementar de rendas nas remessas de dividendos para o exterior – Natureza jurídica e forma de cálculo", "Base de cálculo", Cadernos de pesquisas tributárias, n.º 7, S. Paulo, 1982, p. 149).

A prática fiscal portuguesa dá, infelizmente, razão a Adam Smith. Frequentemente Governo e agentes administrativos consideram-se numa posição oposta à dos contribuintes: estes tentarão pagar o menos possível; o administrador, em compensação e quase insensivelmente, ten-tará fazê-lo pagar o mais possível através de interpretações distorcidas, ficções e presunções.

E isto, de modo desordenado, casuístico, imprevisível, pondo em causa a imparcialidade da Administração e a igualdade dos contribuintes. Por outras palavras: o rendimento, a fortuna, a vida dos contribuintes, são postos entre as mãos do legislador e dos agentes da Administração.

Introdução 15

Voltámos a Roma: o trabalho e a propriedade deixam de ser instrumentos da liberdade humana, para se transformarem em mera manifestação da capacidade contributiva. A economia não é mais accionada por agentes económicos autónomos, mas dirigida pelo fisco a bem do tesouro público.

O cidadão contribuinte encontra-se numa situação de subordinação perante a actividade administrativa; ao contrário do que é essencial ao Estado de direito democrático em que a participação dos cidadãos na actividade administrativa faz parte do *ser* do Estado – a Administração são os cidadãos. No "Direito" fiscal português há uma oposição entre os que dão ordens – os funcionários administrativos – e os que as recebem – os cidadãos.

Mas a degradação da pessoa dos cidadãos vai mais longe: estes são vistos como meros objectos da actividade administrativa. É o que resulta da estrutura dos códigos fiscais.

O imposto é uma relação *jurídico – obrigacional*: uma pessoa paga certa quantia a um ente público. Nestes termos, as leis dos impostos deveriam ser moldadas segundo a estrutura da relação obrigacional: *sujeitos* – credor e devedor – *prestação, garantia*. O imposto seria, pois, descrito como uma relação entre dois sujeitos colocados no mesmo plano.

Contudo, os códigos fiscais são estruturados em termos de manuais de instruções dirigidas aos funcionários da Administração fiscal. Primeiro, descreve-se a incidência do imposto: incidência pessoal – o contribuinte – incidência real – a matéria colectável. Já aqui o contribuinte não aparece como um sujeito participante responsável, mas como o mero suporte de uma incidência.

Seguem-se a matéria colectável, as taxas, o modo como a Administração deve proceder para lançar e liquidar o imposto. Termina-se com uma longa série de cominações contra o contribuinte faltoso.

Ou seja: o contribuinte deve estar imóvel enquanto a Administração lhe mede os bens e os rendimentos..."até ao mais pequeno torrão", parafraseando Lactâncio; deve mover-se se esta lho exigir; pagar quando a tal for obrigado. É objecto, não sujeito.

Isto, quando o Estado português assenta na dignidade da pessoa humana, na intervenção dos cidadãos na vida pública, etc. (Ruy Barbosa Nogueira denuncia em "Teoria do lançamento tributário" (S. Paulo,

1965) a desnutrição do Estado de Direito pela transformação da relação jurídica em relação de força).

O Direito constitucional muda e o Direito fiscal permanece. Nos quadros constitucionais do Estado de Direito dos cidadãos e dos direitos, ainda se pensa a Administração como se esta se reduzisse a funções de autoridade – justiça, defesa, polícia – e não tivesse hoje a vocação de prestadora de serviços (Vd. Forsthoff, *Die Verwaltung als Leistungsträges*, Stuttgart-Berlin, 1938, e Rui Chancerelle de Machete, Considerações sobre a dogmática administrativa no Moderno Estado Social, Boletim da Ordem dos Advogados, 2ª Série, n.º 2, Maio/Junho, 1986) em plano de igualdade com os cidadãos. Não há hoje *súbditos* – há utentes. O acto administrativo concebido como uma "decisão de autoridade da Administração" reenvia à Alemanha Imperial. Hoje só é justa a relação jurídica entre iguais.

Mas apostemos antes num futuro em que haja homem... e imposto. Em que o *homo sapiens* decida continuar a sê-lo em virtude de uma súbita tomada de consciência. Terá de repensar o problema das relações entre o indivíduo e o social, deixando de se ver, em termos de facto, como uma população animal reproduzindo-se indefinida e predatoriamente num espaço fechado, para se resolver continuamente como uma "questão" que ultrapassa o mero acaso.

Assim, o imposto não será o acto de uma autoridade estranha, para se tornar na assunção livre de um dever de solidariedade. O cidadão colaborará directamente na feitura do imposto; adequá-lo-á às suas necessidades; senti-lo-á como um dever moral. A Administração servirá; os Tribunais dirão o Direito criado previamente pelos seus destinatários. Já não se falará do "homem fiscal" nem do "imposto".

Seguindo outra via, qualquer reforma fiscal será mera reabilitação de um sistema de "dominação" – e logo se deverá começar a pensar na seguinte, pois a anterior nada mais terá sido, parafraseando Montesquieu, do que a medida da pequena alma do legislador. E continuaríamos num "impasse" fiscal.

As páginas que se seguem traduzem o meu percurso de alguns anos – ocupado com muitas outras matérias, do Direito bancário ao Direito das pessoas e ao Direito da Família – na progressiva descoberta do "deficit" democrático do sistema de impostos português; e das suas insuficiências técnicas, muitas vezes destinadas a perpetuar a sua injustiça e o poder dos governantes.

Tento obter uma recuperação do princípio da auto-tributação e de regras de justiça através de uma renovada e acrescida intervenção dos cidadãos na criação e aplicação dos impostos e na discussão dos conflitos com o Estado. Para logo se transitar para o Estado dos cidadãos e dos direitos, num novo contrato social que integra garantias de "terceira geração" que são garantias de participação nas decisões. A caminho de uma contratualização dos impostos que os transforme em *contribuições*.

Partindo-se do princípio de que o direito de não pagar impostos (que violem os direitos das pessoas) é anterior e superior ao dever de pagar impostos.

Alguma da melhor Doutrina europeia tem-se preocupado em jurisdicizar os impostos, em criar a partir de impostos dispersos e alheios a qualquer ideia de justiça, um "sistema de impostos", assente em regras de justiça, nos quadros de um Direito hoje inexistente, ou só larvar.

Estou convencido de que tal jurisdicização será mais fácil, senão só possível, assentando nos direitos da pessoa e integrando em uma obrigação tributária moldada pelo Direito civil (matriz do Direito) um procedimento administrativo cada vez mais assumido pelos cidadãos.

Outros, depois de mim, virão que muito melhor farão e com maior sucesso. No entretanto, para mim, como jurista, "viver é justiça e lutar por ela é ganho".

Lisboa, 29 de Janeiro de 2006

GLOBALIZAÇÃO E REGIONALIZAÇÃO EM MATÉRIA DE IMPOSTOS

(Em homenagem ao Professor Doutor Francisco António Lucas Pires)

1. As tendências da "regionalização" europeia em matéria de impostos

Existe na União Europeia uma larga diversidade de sistemas fiscais, quanto às suas intenções e às suas estruturas, a nível de impostos directos e indirectos.

Contudo, desde sempre se tem apontado a necessidade de haver uma convergência da tributação; ou, pelo menos, a sua não divergência.

No sentido de se caminhar para um sistema de impostos que não distorça a concorrência dentro da União Europeia, não produzindo efeitos indesejados na livre circulação de pessoas, mercadorias e capitais. Convergência que represente a justiça/igualdade possível e o não falseamento da concorrência.

Analisando de há uns vinte anos para cá a evolução dos Direitos fiscais na União Europeia, podem apontar-se alguns vectores de convergência.

2. Cont. – A Convergência

a) Despersonalização – Nos Estados nórdicos, na Holanda, na Alemanha, etc., os rendimentos do capital têm vindo a estar sujeitos a taxas proporcionais cada vez mais baixas. Daqui decorre um dualidade: tributação dos rendimentos do capital em termos reais, e dos outros rendimentos com taxas progressivas ("dual income tax").

Dentro dos rendimentos do capital, as mais-valias vêm a ser sujeitas a uma tributação diferente, com largos sectores isentos e taxa proporcional que tem baixado.

A redução da tributação sobre o capital visa dois objectivos fundamentais: evitar a emigração de capitais para Estados com regimes fiscais mais favoráveis (que não são só as "off-shore") e repatriar os capitais entretanto emigrados. Este apelo tem sido particularmente insistente em alguns Estados, vítimas de uma maior emigração de capitais em virtude do peso da carga fiscal ou da instabilidade política. E nos quais os governantes têm relacionado expressamente o decréscimo da carga fiscal com a necessidade de fazer reentrar os capitais entretanto saídos.

b) Diminuição da progressividade – Mesmo nos impostos sobre o rendimento sujeitos a taxas progressivas, o número de escalões tem vindo a diminuir e as taxas marginais mais elevadas têm vindo a ser eliminadas. O que poderá conduzir a uma única taxa sobre os rendimentos do trabalho e equiparados, com uma larga zona de isenção na base (como se estuda em diversos Estados, como por exemplo a Espanha). Obter-se-á alguma progressividade, a simplificação do sistema e o desagravamento dos rendimentos do trabalho.

Ao mesmo tempo que se visa a eliminação da tributação sobre pessoas que não atingem um nível de rendimentos suficiente para ter uma existência em condições económicas dignas.

c) Abandono da referência exclusiva à contabilidade organizada – A tributação do rendimento com base numa contabilidade organizada tem-se mantido, embora cada vez mais centrada nos grandes contribuintes.

Para os restantes, e para além do acréscimo dos pequenos contribuintes isentos, tem-se caminhado para a tributação com base em rendimentos presumidos ou normais. É significativa a evolução na Itália e na Espanha.

Na Itália tem vindo a abandonar-se o princípio da tipicidade fechada no que se refere à determinação da matéria colectável. A determinação da matéria colectável não virá precisamente enunciada na lei, em termos de, mediante a leitura desta, se determinar o montante exacto da matéria colectável. A lei faculta uma cada vez maior margem de indeterminação ao interprete/aplicador na determinação da matéria colectável. Tratando-se de uma mera "aproximação" que não de uma "determinação". Deixando-se as zonas em aberto à acção da Administração Tributária em diálogo com o contribuinte, no sentido de, cada vez mais, o montante da matéria colectável ser determinado por acordo. Em Espanha

Globalização e Regionalização em Matéria de Impostos 21

têm-se caminhado para a presunção de rendimentos com base em dados objectivos (superfície, número de empregados, capital, etc.).

d) Simplificação do sistema – Para diminuir os custos de administração dos impostos, tanto por parte da Administração como dos contribuintes, e atenuar a sua rejeição social, tem-se simplificado o procedimento. Visando-se menores encargos declarativos para os contribuintes e simplificada estrutura dos impostos, com diminuição de escalões, taxas, benefícios, regimes especiais, etc. Estes dois aspectos estão intimamente ligados, na medida em que a fixação de rendimentos normais, presumidos ou parametrizados vem simplificar tanto as obrigações dos contribuintes como do Estado. Daqui resulta uma importante diminuição dos custos administrativos para os contribuintes, e da contenção dos custos para o Estado com a Administração Fiscal e dos contribuintes.

Por outras palavras: visa-se a adequação dos impostos às possibilidades da Administração fiscal.

e) Cada vez maior peso dos impostos indirectos no conjunto das receitas fiscais – Os impostos indirectos, sobretudo o IVA, têm um peso muito expressivo em todos os sistemas fiscais europeus, no conjunto dos impostos. Em termos de os impostos indirectos produzirem maiores receitas do que todos os outros impostos juntos.

f) Desvalorização dos impostos sobre o património – Os impostos sobre o património têm vindo a ser reduzidos cada vez mais a fenómenos marginais no sistema. Assim, na Alemanha não existe imposto sobre as sucessões e doações. O chamado imposto sobre as grandes fortunas, em França, produz receitas insignificantes no conjunto das receitas fiscais. E os impostos sobre o património imobiliário são, quase exclusivamente, receitas, embora importantes, das autarquias locais.

g) Diminuição das taxas do IRC e do IRS – Portugal tem sido o país, nos últimos anos, em que menos têm diminuído as taxas do IRC e do IRS em termos proporcionais às existentes no começo do período. Em outros Estados tem-se assistido a uma diminuição das taxas do IRC e do IRS, embora, em muitos deles, as taxas do IIRS ainda assumam, em termos marginais, valores superiores aos portugueses.

O caso exemplar desta evolução é o da Irlanda em que se espera que as taxas do IRC venham a atingir valores próximos dos 12%.

h) Consideração mais atenta da situação da família com vista a promover a natalidade e que passa pela adequação da tributação à capacidade contributiva da família. É significativo, nesta matéria, o sistema francês. Este associa o coeficiente familiar – ou seja, a desagregação para efeitos fiscais do rendimento global do agregado familiar, em atenção a cada um dos seus membros – com abatimentos em matéria de aquisição de casa, obras nesta, etc. Do mesmo modo, recentemente, em Espanha, foi alterado o sistema de tributação da pessoa singular – considerado particularmente iníquo por não levar em conta a composição efectiva da unidade fiscal/familiar – por um sistema bastante mais adequado à efectiva capacidade contributiva da pessoa singular e da família.

i) Tributação ecológica – Depois de algum entusiasmo, representado recentemente na Alemanha pela falhada reforma Lafontaine, a tributação ecológica tem sido submetida a revisão.

O princípio do poluidor-pagador tem sido concentrado naquelas actividades em que o benefício social não é claramente superior aos danos da poluição. Pelo que os encargos sobre os poluidores não têm ido muito mais longe do que a tributação sobre os automóveis ou os produtos petrolíferos.

j) Garantias dos contribuintes – As garantias dos contribuintes têm vindo a ser definidas e reforçadas nos processo e procedimento tributários. Para além – e só me refiro às mais recentes – das leis de garantias francesa e espanhola, é de salientar a Lei Geral Tributária portuguesa de 1999.

Têm-se tomado como fundamento as normas constitucionais. E têm-se transposto, com as devidas adaptações, os princípios e as normas do processo e do procedimento administrativos.

É contemporânea desta evolução – e contraditória com ela – o abrandamento do sigilo bancário para efeitos fiscais. Em termos de a Administração fiscal ser autorizada a levantá-lo em casos cada vez mais frequentes. Enquanto que, quanto a crimes graves no campo de Direito Criminal, só uma autoridade judicial pode autorizar a violação de tal sigilo.

3. Cont. A regionalização

Encontramos aqui os traços de uma "regionalização" em matéria de direito fiscal. Alguns indícios, bastante coerentes, de uma convergência das legislações fiscais dos Estados da União Europeia.

Convirá, agora, determinar quais as causas desta convergência e as consequências a que poderá levar.

4. A concorrência fiscal e a convergência dos impostos na União Europeia

A) *A formação da União Europeia. A destruição das barreiras alfandegárias internas. O apagamento do princípio da territorialidade em matéria de impostos*

Até aos anos 50 vigorava nos diversos países europeus, em matéria de aplicação no espaço dos impostos, um rígido princípio da territorialidade. Só desmentido em alguns poucos casos de Direito interno, e só posto em causa por escassas convenções de dupla tributação. Assim, cada Estado dispunha de um monopólio, de facto, sobre as empresas e as pessoas singulares impedidas pelo factor fiscal de actuar em mais de um Estado. A instalação das empresas em países estrangeiros implicava fenómenos de dupla tributação, no Estado da filial e no Estado da sede, que diminuiram, efectivamente, a desejável internacionalização das empresas.

O alargamento da rede de convenções de dupla tributação veio pôr em causa o princípio da territorialidade. Os investimentos no estrangeiro por parte de residentes eram tratados fiscalmente, em princípio, como se fossem investimentos no próprio país, em virtude do princípio da imputação. O princípio da isenção, presente em algumas convenções, podia permitir uma tributação mais baixa dos investimentos feitos no estrangeiro, desde que no Estado desse investimento a carga fiscal fosse inferior ao do Estado da sede.

A regra "da não discriminação" dos investimentos realizados no estrangeiro começou a ter repercussão no Direito interno dos diversos Estados, onde foi posto em causa o princípio da territorialidade. Aplicando-se normas semelhantes às das convenções de dupla tributação, em termos de o Estado renunciar à tributação de um largo conjunto de rendimentos ou manifestações de capacidade contributiva desde o momento em que entendia que tinham uma conexão mais forte com o Estado estrangeiro de que com o Estado em causa.

Assim, começou a notar-se uma clara tendência de os capitais ao circularem, o fazerem ponderando o factor fiscal.

B) A convergência fiscal por "imitação"

Passemos ao Mercado Comum Europeu. Este visa a livre circulação de pessoas, mercadorias e a capitais. Portanto, teve de levar em conta, desde o início, o factor fiscal como impeditivo ou distorcedor destes movimentos. Com este fim, foram eliminadas as barreiras alfandegárias internas e tem-se vindo a destruir alguns dos principais obstáculos internos a essa circulação, presentes nos ordenamentos jurídicos de cada Estado.

Lembro, muito de passagem, a harmonização mínima do direito bancário, dos seguros, e das sociedades de investimento nos diversos Estados europeus, de modo a facilitar a circulação de capitais e, consequentemente, a circulação de pessoas e de mercadorias.

Os agentes económicos de cada Estado encontraram-se, num curto prazo de tempo, perante um mercado alargado, compreendendo todos os Estados que participam no Mercado Comum Europeu. E nas suas decisões de investimento os agentes económicos passaram a considerar, muito atentamente, o factor jurídico e o factor fiscal.

A criação de uma união económica e monetária – como, antes dela, de um mercado único – implica uma acrescida concorrência entre as economias nacionais; mas, também, entre os sistemas jurídicos nacionais, ao serviço do desenvolvimento económico e social[1].

O Direito é uma tecnologia fundamental para o desenvolvimento económico e social. Um sistema jurídico atrasado, pouco ágil, criador de barreiras, limitará a evolução da sociedade. Institutos jurídicos modernos, flexíveis, progressivos, adequados à sociedade, promoverão o progresso desta.

---

[1] Vd. Diogo Leite de Campos, O "euro" e o Direito bancário, Estudos em Homenagem ao Ministro Sálvio de Figueiredo Teixeira, Revista de Processo, 25, Jan/Março 2000, S. Paulo, Editora Revista dos Tribunais, pág. 136.

Globalização e Regionalização em Matéria de Impostos 25

As pessoas e as empresas necessitam, para se desenvolver, de dispor de "tecnologia jurídica" adequada – ao lado das técnicas provenientes das ciências "exactas".

O papel do Direito como "infra estrutura" social tem vindo a ser posto em relevo.

Assim, uma regulamentação jurídica mais adequada dos contratos pode constituir para um certo Estado, um factor importante de concorrência internacional, em ternos de determinar que se realizem nesse Estado investimentos ou operações em atenção a essa regulamentação jurídica. A prática frequente de certas operações bancárias em termos tecnicamente evoluídos, poderá atrair investimentos para o Estado em causa. Para além disto, num número cada vez maior de operações o factor fiscal é importante e, mesmo, decisivo. Em termos de se determinarem investimentos num ou noutro Estado com base no factor fiscal.

Dando-se conta deste fenómeno, os Estados europeus passaram a considerar nas suas decisões a necessidade de adequar os impostos ao bem estar social, ao investimento e ao progresso científico, visando atrair investimentos ou, pelo menos, não os deslocalizar. Daqui decorre uma concorrência fiscal internacional, no âmbito da União Europeia. Concorrência que, se em alguns aspectos é prejudicial, em outros leva a uma racionalização dos sistemas fiscais por imitação, com resultados benéficos. Alguns dos quais indicámos no início.

A justiça também se reconhece e também se imita.

Ao longo de toda a história do Direito europeu tem havido um fenómeno de imitação entre os diversos ordenamentos jurídicos. A melhor técnica jurídica, os institutos mais aperfeiçoados em termos de justiça e de eficácia têm vindo, desde há séculos, a ser transpostos para outros ordenamentos jurídicos. Umas vezes, e o mais frequente, por acção da doutrina. Outras vezes, directamente por acção legislativa. Isto tem sucedido em Direito Civil, muito frequentemente em Direito bancário, em Direito financeiro, em Direito das sociedades comercias, etc. Com a melhoria do sistema jurídico de um Estado cria-se um quadro mais adequado para o investimento, para o desenvolvimento económico e social; que pode trazer sérias vantagens competitivas em relação a outros Estados.

No campo do Direito fiscal este fenómeno têm-se verificado acentuadamente nos últimos decénios. As aspirações de justiça plasmadas em diversos ordenamentos jurídicos fiscais têm vindo a servir de inspiração para outros ordenamentos jurídicos. Através da generalização da isenção de mínimos de existência, cada vez mais elevados, da redução de taxas, da consideração dos encargos da vida familiar, de um regime jurídico mais adequado para as pensões de reforma, etc.

Não esquecendo que a importação acrítica, ou imposta, de soluções e de modelos fiscais tem revertido por vezes em injustiças e diminuição da capacidade de concorrência em países menos desenvolvidos como é o caso de Portugal.

Ao lado desta "imitação fiscal" decorrente da legítima aspiração de promover a justiça do sistema fiscal, tem-se verificado um fenómeno de concorrência fiscal. Visando atrair investimentos, num sentido utilitarista, diferente de uma simples aspiração de melhoria técnica e de justiça.

5. A necessária diversidade de sistemas fiscais no quadro de regionalização e a convergência por imitação

Quero deixar claro que a conveniente regionalização do sistema fiscal europeu, em termos de harmonização, não pode de modo algum excluir uma justa e conveniente diversidade. À razão centralizadora e uniformizadora que preside às directivas, às decisões da Comissão e dos Tribunais comunitários, há que opôr a diversidade de culturas, de regimes jurídicos, de estruturas sociais e de necessidades económicas. A este nível, não haverá muito de comum entre Portugal e a Suécia, a Grécia, ou futuramente, a Lituânia. Há que respeitar a diversidade fiscal como resultante da diversidade cultural, económica e social.

Nesta medida, é particularmente conveniente, justo, e significativo de uma unidade europeia que se faz por aspirações e não por imposições, o movimento de convergência que descrevi no inicio e que qualifiquei de movimento "por imitação". Cada Estado vai recolhendo o que de melhor lhe parece encontrar nos outros Estados, para ir aperfeiçoando o seu próprio sistema jurídico-fiscal, sem perder de vista as suas necessidades e a sua diversidade. Indirectamente, esta evolução permite constranger alguns Estados a ir baixando a sua carga tributária, a ser mais rigorosos na administração da despesa e assegurar uma melhoria da sua competitividade. Por outras palavras: permite uma vitória da justiça sobre a injustiça. E, em muitos casos, permite a sobrevivência económica dos Estados "da periferia" perante os Estados centrais, mais ricos e pretendendo impor os seus modelos.

Mas não é só esta concorrência por "imitação" que é legítima. Também a concorrência directa, a nível fiscal, é em regra legítima.

6. A concorrência fiscal legítima

A convergência económica, a convergência de bem estar dos Estados menos desenvolvidos na União Europeia em relação à média comunitária exige, muitas vezes, a utilização legítima do factor fiscal.

Pretende-se uma livre circulação das pessoas, mercadorias e capitais. Esta circulação, se não se introduzirem mecanismos correctivos, passará pelo afluir do trabalho, do capital e da técnica às zonas mais desenvolvidas da Europa. Em prejuízo das outras que se esvaziarão dos poucos factores de produção de que dispõem.

Para compensar este esvaziamento da periferia a favor do centro, das regiões mais pobres da União Europeia a favor das regiões mais ricas – fenómeno que se verifica também muito claramente dentro de Portugal – haverá que conceder "ajudas" às regiões mais pobres. E estas ajudas podem ser de muita ordem, entre as quais as ajudas financeiras da União e dos países mais ricos. Transformando os países mais pobres, durante um período indeterminado de tempo, em entidades "sustentadas" pela União Europeia.

Ou, então, aumentar a sua competitividade em relação aos países do centro através de outros factores, nomeadamente do factor fiscal. Este factor pode ser imprescindível para que haja uma real equiparação das condições de concorrência entre os diversos Estados. Em igualdade de carga fiscal, é natural que os investimentos se dirijam para as zonas de mais avançada tecnologia, de maior concentração de população, de maior riqueza. Havendo, pois, que utilizar o factor fiscal para corrigir em parte esta tendência.

Daqui que julgue perfeitamente legítimo que os Estados europeus acentuem, adequada e proporcionalmente, a sua concorrência sob o ponto de vista fiscal também para atrair investimentos para os seus territórios. Obtendo-se, deste modo, uma desejável convergência a todos os níveis, nomeadamente a nível do bem estar social.

7. A concorrência fiscal prejudicial

A) O problema

Alguma desta concorrência pode considerar-se prejudicial para o conjunto dos Estados da União Europeia.

Trata-se, em regra, de regimes especiais mais favoráveis concedidos a residentes de outros Estados, com o fim de obter investimento ou receitas para o Estado que os concede. Atribuem-se vantagens, a nível de tributação muito reduzida ou mesmo de ausência de tributação. O que implica, por um lado, uma total perda de receitas para outro Estado. Enquanto que no Estado que as concede os resultados benéficos são reduzidos ou, pelo menos, desproporcionados em relação às perdas do outro Estado. A relação custo para o outro Estado, benefício para o Estado concedente, pode ser inaceitável. O exemplo mais típico é o dos regimes de não tributação quando não implicam um aumento significativo do emprego ou da qualidade de vida para o Estado que os concede. Mas muitos outros são de assinalar: não tributação no momento da dissolução da sociedade; exportação não tributada de rendimentos a título de custos; repartição de lucros com "paraísos fiscais"; regimes especiais para sociedades de alta tecnologia; isenção de imposto para pessoas singulares que fixem o seu domicílio no Estado; acordos administrativos de tributação reduzida para rendimentos provenientes do estrangeiro; isenção de tributação de provisões; etc.

Costuma-se distinguir dois tipos de situações: paraísos fiscais e regimes fiscais preferenciais prejudiciais.

Os paraísos fiscais caracterizam-se sobretudo pela inexistência, ou quase, de tributação sobre os rendimentos. Os regimes fiscais preferenciais prejudiciais assentam sobre taxas de tributação nulas ou muito baixas relativamente a certas categorias de rendimentos, de mais valias, de transmissões patrimoniais, dissolução de sociedades, etc.

Costuma acrescentar-se como critério auxiliar da definição de paraíso fiscal o estes concederem as vantagens fiscais referidas na ausência de actividade substancial. Ou seja: as sociedades beneficiárias não terão mais do que um registo nesse território; e as pessoas singulares não terão mais do que um domicílio meramente formal.

Por outro lado, os regimes fiscais preferenciais são qualificados de prejudiciais, sobretudo se forem concedidos só a não residentes, eventualmente com a recusa de estes terem acesso ao mercado nacional.

Estas medidas têm vindo a ser combatidas pela União Europeia embora, devamos reconhece-lo, com empenho e resultados variáveis conforme o peso político do Estado beneficiário.

Globalização e Regionalização em Matéria de Impostos 29

B) As medidas da OCDE e da EU contra a concorrência fiscal prejudicial

A OCDE e a União Europeia têm tomado algumas medidas, embora nem sempre criteriosas e de sucesso, contra a concorrência fiscal prejudicial. Reflectindo, há que o dizer, muitas vezes o desejo de um conjunto de Estados de alta tributação de retirarem aos Estados economicamente menos desenvolvidos o instrumento da política fiscal como meio de reequilibrar as suas economias.

Devo lembrar que a nível europeu os instrumentos de condução da política monetária e a política cambial já não estão à disposição dos Es-tados nacionais. Sendo orientadas por instância centrais, o Banco Central Europeu e o ECOFIN que não são seguramente muito atentos às necessidades dos Estado menos desenvolvidos. Portanto, o instrumento fiscal tornou-se decisivo para a política económica e financeira de muitos Estados, sobretudo os menos desenvolvidos economicamente.

Na sequência da cimeira do G7 de Lion (1996) desenvolveram-se diversas acções. A OCDE publicou uma recomendação em Abril de 1998 (não vinculativa) destinada a combater as práticas fiscais prejudiciais que afectam a localização de actividades financeiras e outras prestações de serviços. Esta recomendação pretendia aplicar-se a nível internacional mesmo em relação a Estados não-membros, de modo a criar uma igualização das condições "de jogo" que neutralizasse o factor fiscal.

A União Europeia publicou um código de conduta aprovado por uma resolução do Conselho de 1998, e uma comunicação da Comissão destinada a restringir os auxílios de Estado sobre a forma fiscal.

Note-se que a referida recomendação da OCDE não teve sucesso. Pretendia-se, após negociações com os Estados considerados paraísos fiscais, apresentar uma lista daqueles que se recusassem a cooperar com a OCDE no sentido indicado. De modo a permitir medidas unilaterais contra esses Estados. Contudo, tal orientação não foi partilhada pela nova Administração americana que considerou que a acção da OCDE nada mais traduziria do que os interesses de um grupo de Estados de alta tributação. Assim, limitou-se a aceitar a oferta de diversos "paraísos fiscais", sobretudo das Caraíbas, de fornecerem informações para tornar mais transparentes os movimentos de capitais.

8. Regionalização e globalização

Por outro lado, e salvo casos pontuais, o Conselho Europeu nunca chegou a aprovar a lista dos regimes da União Europeia considerados num relatório de 1999 como lesivos da concorrência.

8. Regionalização e globalização

Assentemos que se caminha para uma regionalização europeia, em termos de uma razoável harmonização dos impostos.

Mas, já no decurso do processo nos damos conta de que residentes de Estados terceiros aproveitam as diferenças de regime de tributação entre os Estados da EU para, através da deslocalização de actividades e de centros de decisão, obterem economias fiscais.

Combater-se-á esta gestão fiscal produtora de distorções e injustiças, com a adequada convergência de legislações.

Contemporânea desta, e mantendo-se mesmo depois de uma suficiente harmonização interna à UE, haverá a concorrência fiscal de outros Estados e territórios perante a U.E.

A concorrência fiscal que analisámos "regionalmente" na EU, é susceptível de uma análise global, a nível mundial. Múltiplos Estados, mesmo os mais insuspeitos, e territórios oferecem regimes fiscais atractivos com o fim de atrair investimentos ou, simplesmente, obter receitas.

Independentemente das vantagens fiscais concedidas, alguns Estados e territórios asseguram total anonimato, mesmo perante as autoridades locais, dos accionistas das sociedades, dos titulares das contas bancárias, etc. O que facilita o branqueamento de capitais associados à criminalidade e atrai naturalmente tais capitais.

Há que passar, pois, da regionalização do Direito fiscal à "globalização" de tal Direito.

Quero porém, acentuar o seguinte: globalização – tal como antes regionalização – não deve significar imposição de modelos fiscais. Imposição que parte normalmente dos países ricos para os outros. Os diversos estádios de desenvolvimento económico e social implicam sistemas fiscais também diversos. E que podem passar, muito legitimamente, por medidas adequadas a atrair investimentos.

A "globalização" tem sido utilizada, por vezes, no sentido de criar ou manter relações de subordinação económica – que há que rejeitar.

Como há que rejeitar a concorrência fiscal prejudicial.

Estão em curso diligências, sobretudo dos EUA, no sentido de obter transparência por parte dos "paraísos fiscais".

Admito que se obtenha mais rápido sucesso neste aspecto do que no se refere à globalização dos sistemas fiscais que há que encarar com precaução.

Os próximos decénios conhecerão, talvez, uma progressiva harmonização, a nível mundial, dos sistemas fiscais. Espero que tal fenómeno se processe através da difusão de regras essenciais de justiça, por imitação e por convenções, respeitando-se, no resto, a diversidade e as necessidades dos diversos Estados.

JUSTIÇA E ARRECADAÇÃO NOS IMPOSTOS PORTUGUESES – UM SISTEMA ESGOTADO.*

I – INTRODUÇÃO

1. Política fiscal versus arrecadação de receitas

A pergunta que se tem posto é a de saber se existe uma ordem no Direito fiscal português; saber se as normas de Direito fiscal podem ser entendidas em termos de sistema, orientadas por princípios de justiça, organizadas por níveis de generalidade ou imperatividade, harmónicas, não contraditórias e eficazes.

Basta contemplar as constantes alterações a que estão sujeitas as leis fiscais, mesmo as mais recentes e as de maior presumida valia técnica, para se pôr imediatamente em dúvida qualquer sentido de ordem e se começar a suspeitar que as normas tributárias nada mais serão do que um agregado informe, unidas só pela vontade imperiosa e não justificada do legislador. Agregadas por força de múltiplos interesses e pressões, sobretudo pelo interesse do legislador em obter cada vez mais receitas – os fins justificando facilmente os meios.

Tudo em prejuízo do interesse público, do governo pelo povo que está na base da democracia.

O povo, suposto autor das normas tributárias através dos seus representantes do Parlamento, deixa de reconhecer os seus interesses nos impostos que surgem cada vez mais como um sorvedor insaciável de bens. Perante o qual qualquer evasão se afigura mera legítima defesa.

---

* Conferência proferida na Universidade de Santiago de Compostela em Abril de 2003.

Defesa a que responde um crescendo de violência tributária pelo aumento das taxas dos impostos e sanções desproporcionadas. Numa espiral injustiça/evasão/injustiça/evasão.

A primeira vítima desta espiral é a segurança do Direito. Segurança que, ao lado da justiça, constitui o pilar de Direito e da própria sociedade.

Os agentes económicos, famílias e empresas, vêem-se impossibilitados de fazer previsões; uma sociedade que se constitui para prosseguir um certo objecto, tem de se extinguir por uma alteração inopinada do Direito fiscal tornar inviável a prossecução dessa finalidade; leis retroactivas vêm pôr em causa as mais estáveis economias domésticas ou empresariais; etc.

O legislador fiscal parece incapaz de prever para mais do que um ano civil.

Não basta que o Direito tributário seja uma ordem – e que seja uma ordem segura. É necessário que seja uma ordem justa para revestir a segunda característica necessária para que as normas legais tributárias mereçam o nome de Direito tributário.

Esta existência de justiça coloca-se a todos os níveis.

Para além da justiça material, o seu outro nível de actuação é o da Administração fiscal e o dos tribunais. Mas, neste plano a justiça reveste, a maioria das vezes, a face da segurança. Há que evitar o arbítrio dos funcionários e dos magistrados, vinculando a sua actividade e concedendo aos cidadãos não só mecanismos de controlo, como também o maior grau possível de participação nesses mecanismos.

O Direito fiscal português tem vindo a debater-se, tradicionalmente, entre os pólos da justiça, virada para a capacidade contributiva e para a igualdade, e o polo financeiro, visando a obtenção de receitas.

Daqui, a constante luta entre o contribuinte, descobrindo lacunas e imprecisões nas leis fiscais que lhe permitam diminuir a sua carga fiscal, e a vontade do legislador de poder prever com segurança o montante das receitas que vai arrecadar e que estas sejam suficientes para cobrir as despesas públicas. Em momentos como o da reforma do fim dos anos 80, prevaleceu o sentido da justiça. Progressivamente tem-se vindo a afirmar a necessidade financeira. Deste movimento vamos dar-nos conta, embora resumidamente, nas páginas seguintes.

II – OS IMPOSTOS PORTUGUESES ATÉ 1988

2. Os impostos portugueses até 1988

O sistema fiscal português, em Abril de 1974, era constituído por impostos parcelares, com taxas proporcionais, aos quais era atribuída alguma personalização e progressividade através do "imposto complementar". As taxas eram baixas e a carga fiscal reduzida.

A política subjacente a este conjunto de normas era orientada pela arrecadação de receitas. O Governo fixava o montante de receitas que pretendia receber num ano. E determinava a matéria colectável com vista a esse montante.

Tal intenção era particularmente revelada na tributação das empresas (Contribuição Industrial).

Havia três grupos de contribuintes para efeitos de determinação da matéria colectável: grupo A (em princípio, as grandes empresas) que era tributado com base nos resultados apurados pela contabilidade; grupo B (em regra, médias empresas) que era tributado pelo lucro presumido, determinado a partir de alguns dados exigidos pela lei sobre os seus ganhos e perdas; grupo C (em regra, pequenas empresas) que era tributado pelo lucro normal.

Bastava uma orientação administrativa para que o lucro normal ou presumido aumentasse numa certa percentagem, com consequente acréscimo das receitas.

Os profissionais liberais estavam próximos desta situação, por a sua tributação estar muito dependente de quotas de pagamento de imposto atribuídas a cada profissão e a cada profissional.

Em diversos outros impostos (Contribuição Predial e Imposto de Capitais, por ex.) a fixação da matéria colectável era administrativa ou assentava em presunções de rendimentos.

As garantias dos contribuintes eram muito limitadas. O controlo dos tribunais estava muito limitado pela larga margem de discricionariedade, livre apreciação ou descricionariedade técnica da Administração. Ainda se estava muito próximo da concepção de que a Administração se julga a si mesma.

O reduzido peso dos impostos e a circunstância de os funcionários públicos não pagarem impostos pelas suas remunerações, amorteciam a reacção social contra este estado de coisas.

3. A ruptura de 1974

Foi contemporânea das alterações sociais e políticas subsequentes a 1974 uma brusca subida de taxas que passou a introduzir uma forte progressividade no sistema.

Ao que respondeu um acréscimo da evasão fiscal. A que se tentou responder pela criminalização de algumas infracções fiscais.

A rejeição social do sistema de impostos continuou a acentuar-se, assente em severas críticas a um sistema tecnicamente caduco e desajustado da realidade social.

Por um lado, a acentuada progressividade veio multiplicar as injustiças do sistema anterior, desajustado de capacidade contributiva. Injustiças contra as quais os meios de defesa dos contribuintes pareciam ainda mais insuficientes.

Daí que a própria criminalização de certas infracções fiscais tenha ficado não efectiva.

Parecia, portanto, que havia que introduzir justiça material no sistema, nomeadamente através da personalização dos impostos sobre o rendimento. E reforçar as garantias dos contribuintes.

III – OS IMPOSTOS A PARTIR DE 1988

4. A reforma do fim dos anos 80

No fim dos anos 80, o sistema fiscal tentou acompanhar a evolução do Direito tributário europeu. E fê-lo de uma maneira feliz em alguns aspectos fundamentais.

Salientemos alguns deles.

O peso crescente dos impostos indirectos, nomeadamente através do IVA, do imposto de selo e dos impostos especiais de consumo.

Os rendimentos do trabalho e os dividendos foram tributados com carácter pessoal e progressivo. Os rendimentos do capital, aqui incluídas as mais-valias, foram submetidos a um regime fiscal que conhecia taxas fixas e largas zonas de isenção.

Ou seja: assentou-se num "dual income tax" com despersonalização dos impostos sobre os rendimentos do capital.

O sistema fiscal português passou a assentar, desde os fins da década de oitenta: **a)** em dois impostos sobre o rendimento (o imposto sobre o rendimento das pessoas singulares e o imposto sobre o rendimento das pessoas colectivas); **b)** no imposto sobre o valor acrescentado; **c)** em impostos sobre o património, como sejam a Sisa, o imposto sobre as sucessões e doações e a contribuição autárquica; **d)** um imposto sobre os actos jurídicos documentados, denominado imposto do selo (com forte componente de tributação das operações finaceiras); **e)** diversos impostos indirectos, **f)** e uma multiplicidade de tributos, designados de diversas maneiras, mas que consubstanciam, na maioria dos casos, verdadeiros impostos a favor das autarquias locais ou das entidades reguladoras.

Os benefícios fiscais, naquilo que têm de mais permanente, encontram-se nos códigos dos impostos e num diploma denominado Estatuto dos Benefícios Fiscais.

As normas principais sobre procedimento e processo encontravam-se sediadas no denominado Código de Processo Tributário.

Como elemento de modernidade, a reforma dos impostos sobre o rendimento assentava na tributação do rendimento "real" determinado com base na contabilidade do contribuinte ou na sua declaração fundamentada e controlada.

O objectivo da arrecadação mandou que o imposto sobre o rendimento das pessoas singulares (IRS) fosse um imposto analítico, em que os rendimentos eram distinguidos pelas suas fontes, com determinações da matéria colectável autónomas e taxas por vezes diversas. O que diminuia a personalização do imposto, mas permitia prosseguir objectivos de política económica, orientando os investimentos, e controlar a arrecadação.

5. As necessidades: a Administração Fiscal, o procedimento e o processo tributários

A "modernização" dos impostos, através da sua referência a rendimento real, exigia um significativo reforço dos meios de fiscalização da Administração fiscal. Sob pena de a tributação passar a ser " à la carte", cada contribuinte fixando livremente o montante do imposto que queria pagar. Criando-se um extremo oposto ao regime anterior: antes, a Administração fiscal fixava o que cada contribuinte devia pagar; agora, cada contribuinte escolhia o montante do imposto que pagava.

Contudo, o rejuvenescimento dos impostos não foi acompanhado pela necessária reforma da Administração tributária, no sentido de acrescer a sua eficiência (a sua informatização nunca atingiu o grau necessário) nem pela reforma do procedimento e do processo.

Manteve-se um elevado grau de ineficiência na cobrança dos impostos e significativa evasão fiscal. Sobretudo a nível dos pequenos e médios contribuintes.

Nos anos 90 sentiram-se duas necessidades fundamentais: modernização das normas dos impostos criados nos fins dos anos 80, rapidamente desgastadas; revisão do procedimento e do processo que não tinham sido devidamente actualizados nos anos 80. E da qual se esperava uma maior eficácia da Administração e dos tribunais e, portanto, uma menor evasão fiscal.

A primeira tarefa, mais urgente e que implicava menos perda de receitas, foi a revisão do procedimento e do processo, operada pela Lei Geral Tributária (1999). A reforma dos impostos foi tentada, até agora sem sucesso, a partir de 1999.

IV – AS REFORMAS: JUSTIÇA E EFICÁCIA

6. A reforma do procedimento e do processo

O Código de Processo Tributário pretendia ser a lei do processo e do procedimento tributários. O seu título I continha um grande núcleo de normas sobre procedimento tributário. Contudo, nem sequer retirava da Constituição da República Portuguesa as necessárias consequências das normas procedimentais de carácter garantístico aí consagradas.

Pelo que ficou rapidamente desactualizado com a publicação do tecnicamente evoluído Código de Procedimento Administrativo. Este, embora não aplicável directamente ao procedimento tributário, era invocável a título de direito subsidiário, perante as lacunas e deficiências do Código de Processo Tributário. Assim, o procedimento tributário era regulado por dois códigos. Note-se que o Código de Processo Tributário estava visivelmente "gasto". E o Código de Procedimento Administrativo encontrava a resistência de muitos a aplicá-lo em procedimento tributário, e o desconhecimento de outros.

O direito processual contido no Código de Processo Tributário parecia corresponder minimamente às necessidades. Pelo que a matéria de mais urgente revisão era a do procedimento.

Sentia-se também a necessidade de uma profunda revisão da obrigação tributária, em termos de renovação sistemática e axiológica.

Existiam no Código de Processo Tributário algumas normas sobre a parte geral da obrigação tributária. O resto, ou estava desprovido de regulamentação, ou encontrava-se disperso por diversas leis e códigos em especial, sem uma lógica de conjunto e frequentemente sem a necessária estrutura dogmática e ética.

Finalmente, os grandes princípios do direito tributário – capacidade contributiva, não retroactividade, interpretação/aplicação, responsabilidade, objecto da obrigação, etc. – necessitavam de aprofundamento e regulamentação adequados.

Da situação que acaba de se descrever resultava insegurança das indecisões judiciais e administrativas e um crescente sentimento dos cidadãos da injustiça do sistema tributário.

A reforma do procedimento e do processo, acoplada a uma revisão dos princípios gerais do sistema tributário, da obrigação tributária, no sentido da satisfação de direitos constitucionais como o direito à vida, à saúde, à habitação, à educação, a constituir família, etc., permitiria uma sobrevida de um sistema fiscal caduco sob o ponto de vista técnico, objecto de cada vez maior rejeição social e cada vez menos adequado a produzir as receitas que o Estado pretendia obter.

Assim, a reforma do sistema a nível da aplicação das normas, acoplada a uma revisão dos princípios gerais, parecia urgente e, em si mesma, não implicando qualquer diminuição de receitas.

7. A Lei Geral Tributária

Neste sentido foi criada um comissão para elaborar uma Lei Geral Tributária, a que foi atribuída a tarefa de desenvolver os princípios do Estado-de-Direito em sentido material e de concretizar os princípios do Estado-de-direito em sentido formal, na via de cada vez mais acrescidas garantias dos direitos dos cidadãos.

Estabeleceram-se três grandes metas a atingir pela Lei Geral Tributária: maior justiça material; maiores garantias formais; maior participa-

40 *O Sistema Tributário no Estado dos Cidadãos*

ção dos contribuintes no procedimento administrativo como meio de atingir mais justiça material e melhor garantia dos seus direitos.

Não pareceu que a Lei Geral Tributária devesse ou pudesse fazer um reexame do sistema tributário português, fixando os grandes princípios da incidência pessoal e real, os benefícios e as taxas, reapreciando criticamente os impostos existentes, a sua articulação e os seus critérios de justiça material. Neste sentido depõe a generalidade das leis gerais tributárias europeias que, mesmo quando se ocupam das grandes linhas do sistema tributário, se limitam a referências muito genéricas aos tipos de impostos. Assim, a Lei Geral Tributária limitou-se a fixar um pequeno conjunto de princípios de justiça material, de carácter muito geral, aparentemente indiscutidos e indiscutíveis, mas de grande relevo axiológico e social.

8. O conteúdo

A Lei Geral Tributária veio fazer uma referência ao princípio da capacidade contributiva, sem tentar esgotar o seu sentido. E mencionou os princípios axiológicos fundamentais em matéria de tributação da família e dos idosos.

A Lei Geral Tributária versa também os aspectos da relação jurídica de imposto: posições jurídicas dos sujeitos, modalidades da responsabilidade e seu conteúdo, etc. A exemplo do que acontece na Lei geral espanhola, na Lei geral alemã, nos Códigos Tributários nacionais dos Estados da América do Sul, etc.

As maiores novidades são em matéria de procedimento. Transpuseram-se para o Direito Tributário as mais recentes aquisições do Direito português em matéria de procedimento administrativo.

A intenção era completar a Lei Geral Tributária com um Código de Processo Tributário no qual se regulasse esta matéria. Já que na Lei Geral Tributária só constavam em matéria de processo algumas regras gerais.

O que não foi feito. O entretanto publicado Código de Pro-cesso e Procedimento Tributário, para além de duplicar muitas normas procedimentais da Lei Geral Tributária, não inovou suficientemente em matéria de processo.

9. Reforma da Administração fiscal?...

As novidades trazidas pela Lei Geral Tributária em matéria de procedimento exigiam a necessária reforma da Administração fiscal. Não tendo sido esta realizada, a Administração fiscal tem encontrado algumas dificuldades em observar as normas procedimentais que visam, sobretudo, garantias dos contribuinte. Nomeadamente, e para só citar uma, a que obriga a Administração a ouvir previamente o contribuinte antes de tomar uma decisão que produza efeitos em relação a ele. E de ponderar e levar em conta, na sua decisão, as razões apresentadas pelos sujeitos passivos no momento da audição prévia.

10. A necessidade de reforma dos impostos

A reforma dos impostos do fim dos anos oitenta traduziu-se em alguma melhoria técnica em relação ao sistema fiscal anterior. Caminhando no sentido da determinação da matéria colectável real, assente na declaração do contribuinte fundada em contabilidade organizada ou unidades controláveis.

O problema que se punha anteriormente, e que se continua a pôr, era o da determinação da matéria colectável em termos de segurança e de justiça.

A combinação de uma matéria colectável determinada com base na declaração do contribuinte e de uma Administração Fiscal incapaz de controlar devidamente essa declaração, levaram a um acréscimo, presumido, da evasão fiscal.

Haveria, portanto, que alterar os procedimentos de determinação da matéria colectável e melhorar a eficácia da Administração fiscal.

Contudo, a acção do legislador visou antes o acréscimo significativo das penalizações no caso de não cumprimento das obrigações tributárias. O que, na realidade, conduziu a alguma diminuição da evasão fiscal. Mas ao preço da criação de diversos bodes expiatórios, de sujeitos passivos incumpridores que eram detectados por acaso e sancionados a título de exemplo, o que parece contrário aos princípios éticos do Estado de direito democrático.

Depois, e sobretudo no fim da década de noventa, foi sendo sensibilizada a opinião pública para a existência de uma evasão fiscal que alegadamente introduziria profundas desigualdades e injustiças no sistema fiscal, sobretudo em prejuízo dos mais pobres. E que justificaria medidas (de excepção), como o levantamento do sigilo bancário, o acréscimo das sanções e o estabelecimento de desvios à determinação da matéria colectável real, passando a matéria colectável a ser determinada com base em mínimos, presunções, etc.

Nesta ordem de ideias, sustentava-se uma dialéctica que terminava facilmente, quando não assentava, na ideia de que os fins – combate à evasão fiscal – justificavam todos os meios que se decidissem tomar, mesmo em violação dos direitos e liberdades dos cidadãos.

A Lei Geral Tributária, como referi, não tinha como missão revolucionar o sistema de impostos, em qualquer dos seus aspectos, inclusive da determinação da matéria colectável. Contudo o legislador teve consciência da necessidade de rever os procedimentos de determinação da matéria colectável. Nesta ordem de ideias foram introduzidas na Lei Geral Tributária duas normas fundamentais nesta matéria: uma que previa, sem os precisar, os procedimentos de determinação simplificada da matéria colectável; e a norma que permitia o recurso a métodos indiciários (denominados métodos indirectos) quando a pessoa colectiva apresentasse lucros claramente desproporcionados em relação aos do seu sector de actividade económica, desproporção determinada pelos chamados indicadores objectivos de carácter técnico ou científico.

Contudo, nenhuma destas normas entrou imediatamente em vigor. A primeira, a da determinação simplificada da matéria colectável, por falta de regulamentação. A segunda por não ter sido possível à Administração determinar ou fixar estes indicadores objectivos de natureza técnico-científica.

O problema que se punha com insistência tanto por parte da opinião pública como por parte das forças políticas, era o de fazer uma reforma fiscal que permitisse uma maior equidade e igualdade nos impostos.

11. A Lei n.º 30-G/2000

Destas necessidades, deste estado de coisas, integrado num contexto político de que não me vou ocupar, resultou uma "reforma" dos impostos sobre o rendimento consubstanciada na Lei n.º 30-G/2000. O seu principal, senão único, objectivo foi o de obter receitas. Isto, à custa de algumas das muito modestas vantagens que Portugal tinha na concorrência fiscal a nível europeu e numa altura em que a queda dos valores no mercado de capitais e o abrandamento da actividade económica tornavam ainda mais desaconselháveis as medidas.

Mesmo a criação de uma determinação matéria colectável com carácter simplificado levou ao efeito perverso de diminuição de receitas através do agravamento da evasão fiscal.

Quanto à reforma, também necessária, da tributação do património, definiu-se um objectivo muito ambicioso, a substituição da Sisa, do imposto sobre sucessões e doações e da contribuição autárquica por outros impostos. Não se tendo alcançado este objectivo, pelo menos até ao dia de hoje.

12. Cont. a)Impostos sobre o rendimento

Comecemos pela chamada "reforma" dos impostos sobre o rendimento.

Esta assentou nos seguintes vectores fundamentais:

a) Limitação do sigilo bancário;

b) Aumento da tributação das mais-valias pelas pessoas singulares na venda de acções;

c) Criação de um sistema de tributação por métodos simplificados.

A) *Limitação do Sigilo Bancário*

Em Portugal não havia sigilo bancário no sentido rigoroso do conceito. Com efeito, o Juiz podia sempre levantar o sigilo bancário quando entendesse que os interesses da Administração da justiça o impunham. Isto, também, em matéria tributária.

Portanto, não havia sigilo bancário no processo judicial.

A Administração fiscal, contudo, fosse qual fosse o pretexto que invocasse, não podia levantar o sigilo bancário no procedimento tributário.

Com a lei 30-G/2000 criaram-se diversos pressupostos de levantamento do sigilo bancário pela Administração Fiscal.

B) Sobrecarga da tributação dos valores mobiliários

Até ao fim do ano 2000 a pessoa singular que obtivesse mais-valias na transmissão de valores mobiliários (partes sociais) estava isenta de tributação desde o momento em que detivesse esses valores há mais de um ano.

A partir do dia 1 de Janeiro de 2001 eliminou-se tal benefício, pese embora alguma atenuação das regras gerais.

No que se refere às sociedades "holding", estas podiam adiar a tributação das mais-valias realizadas com a transmissão das suas participações em outras sociedades desde o momento em que reinvestissem o produto da venda.

A partir de 1 de Janeiro de 2001 passam a ser tributadas, embora essa tributação seja diferida durante cinco anos, a 20% por ano.

Isto, desde que haja o pressuposto do reinvestimento.

Estas medidas, que me limito a enunciar nos seus aspectos gerais, foram contemporâneas, é difícil de dizer que tenham sido causa, de uma acentuada queda dos valores no mercado de capitais em Portugal. Eliminaram, por outro lado, talvez os únicos atractivos que existiam no sistema fiscal português, em comparação com as múltiplas vantagens e benefícios que existem nos sistemas fiscais europeus concorrentes do português.

Tais normas foram suspensas pelo OE para 2002, regressando-se até 2003 ao regime anterior.

C) A tributação por métodos simplificados

Ao lado da tributação com base na contabilidade, exigida para a generalidade das empresas e das pessoas singulares, foi regulamentada a determinação da matéria colectável por métodos simplificados.

A coexistência da tributação por métodos simplificados com a tributação assente na contabilidade, como opção deixada ao contribuinte, dentro dos pressupostos legais, levou no curto prazo a resultados perversos.

Com efeito o contribuinte pode, escolher, facilmente, aquele dos métodos que implica menor tributação; depois, pode fazê-los coexistir no campo da sua actividade profissional. Escolherá a tributação com base na contabilidade organizada se pretender por este método ocultar os seus verdadeiros rendimentos.

Justiça e Arrecadação nos Impostos Portugueses – Um Sistema Esgotado   45

Escolherá a tributação por métodos simplificados se considerar que este sistema lhe é vantajoso.

Fará coexistir ambos de modo a concentrar as seus custos e despesas documentadas no âmbito da contabilidade organizada, obtendo no quadro dos métodos simplificados uma presunção de custos que virá duplicar, pelo menos em parte, tais custos.

Ao mesmo tempo, a tributação por métodos simplificados não teve o objectivo que se pretendia – não se sabe bem como ... – de fazer entrar no sistema fiscal uma multidão de pequenos ou pequeníssimos contribuintes que hoje, aparentemente, não pagam impostos.

Está portanto por implementar um sistema de determinação da matéria colectável adequado aos múltiplos tipos de contribuintes, à dimensão das suas empresas e à qualidade das suas actividades.

Sistema que se afaste da determinação da matéria colectável com base no lucro real, para visar outras realidades facilmente acessíveis . E que seja adaptado aos casos concretos através de um intenso diálogo entre o sujeito passivo e a Administração Fiscal.

V – A EVOLUÇÃO PREVISÍVEL E O OE PARA 2003. A AUSÊNCIA DE PROJECTO

13. O OE para 2003

O projecto de Orçamento de Estado para 2003 não é propriamente inovador em matéria fiscal. Não define linhas de orientação, novos princípios informadores do sistema, nem aprofunda ou desenvolve os existentes.

Limita-se, no essencial, a favorecer o aumento da arrecadação.

14. O aumento da arrecadação

A lei do OE para 2002 fixava um regime de retenção na fonte sobre mais-valias derivadas da alienação de valores mobiliários, "warrants" autónomos e instrumentos financeiros autónomos, com entrada em vigor em 1.1.2003. A proposta de OE para 2003 não altera este regime, contrariando a vontade manifestada pelos agentes no mercado de capitais.

O aspecto que, seguramente, mais releva no Orçamento de Estado para 2003, pelo menos quanto às intenções, é o novo regime dos pagamentos especiais por conta. As empresas passam a estar obrigadas a um regime de pagamento especial por conta, ou seja, de antecipações do imposto sobre sociedades devido em montantes que podem atingir duzentos mil euros. Quando, até aqui, o montante dos pagamentos especiais por conta era uma pequena fracção deste montante.

Há um significativo aumento do custo de oportunidade para o contribuinte, derivado da circunstância de ter de adiantar quantias muito elevadas em relação ao imposto futuro. Futuro quanto a si mesmo e incerto quanto ao seu montante que pode ser igual, inferior ou superior ao montante dos pagamentos especiais por conta. No caso de ser inferior, ainda haveria aqui lugar a uma restituição, ela própria não indemnizada.

Para além disso, este regime parece inconveniente por, em princípio, vir favorecer a economia clandestina e a evasão fiscal.

Não representando, em si mesmo, uma opção declarada pela tributação com base em rendimentos presumidos ou normais. Mas revelando, antes, uma ânsia de obter receita independentemente de qualquer plano, qualquer eficácia ou de qualquer orientação de justiça.

Seria preferível, se fosse caso disso, assumir a tributação com base em rendimentos mínimos ou médios devidamente ancorados numa realidade sujeita a discussão entre o contribuinte e a administração. Do que ir, com base em simples critérios procedimentais, para cobranças desfasadas de segura referência à realidade.

15. Síntese conclusiva

O problema que se põe, hoje, em Portugal é, essencialmente, o da determinação da matéria colectável. Como, aliás, é o problema fundamental sob ponto de vista técnico e político em Direito tributário na generalidade dos países.

A determinação da matéria colectável está claramente apertada entre uma profunda exigência de justiça e a necessidade da arrecadação de receitas, ou seja, da eficácia das normas propostas.

Em diversos países europeus, por exemplo, em Espanha e na Itália, tem-se caminhado para uma maior aproximação entre a norma geral e abstracta e a situação concreta do contribuinte. Em termos de a matéria colectável ser pré-determinada, como rendimento presumido, normal, mínimo, determinado com base em índices ou parâmetros – mas sempre sujeito à discussão, eventualmente ao acordo, entre a Administração e o contribuinte.

16. Perspectivas de futuro. A ética. A nova justiça fiscal

Há que ultrapassar o discurso que diz visar o combate à evasão fiscal e pressupõe, como principal instrumento desse combate, a diminuição das garantias dos contribuintes. Constituindo, na realidade, não mais do que um meio de ocultar a efectiva inoperância e falta de vontade política de justiça das entidades políticas.

Ou seja: esse discurso aceita, pretende mesmo, que o aumento da receitas públicas decorra, também, da opressão sobre os contribuintes mais fracos, menos avisados, com menos meios para se defenderem que vão pagar impostos que realmente não devem.

Considero imprescindível a qualquer discurso, nos quadros do Estado-de-Direito, a conciliação entre dois valores: "justiça" e "eficácia": só a "justiça" é "eficaz" e não há "eficácia injusta" que seja "eficaz".

As normas assentes na violência acabam por produzir resultados contrários àqueles que visam. Além de serem totalmente indignas do Estado-de-Direito. Só são efectivas, só são eficazes, normas que sejam justas. Sem esta justiça cai-se na dialéctica da injustiça-evasão-injustiça.

A experiência recente em Portugal demonstra que taxas de impostos demasiadamente elevadas, injustas, não só não levam ao aumento das receitas fiscais, como envolvem a diminuição destas. Hoje parece haver na Europa uma nova ideia de justiça fiscal. Tem vindo a abandonar-se o sentido social dos impostos, a sua função de engenharia social, para acentuar a sua função financeira. Deixando-se a função social à segurança social e a outros regimes. Diminuindo-se os benefícios, alargando-se a base de incidência e baixando-se as taxas. Privilegiando-se simultaneamente a simplificação do procedimento administrativo e a do processo judicial.

Julgo que podemos encontrar aqui, no encontro deste dois vectores, um ponto de equilíbrio, a médio prazo, que se traduzirá no seguinte: por um lado, a consciência de que há limites, a nível das características essenciais dos impostos (incidência, taxa, etc.) que não se devem ultrapassar. Por outro, a consciência de que a eficácia dos impostos, por um lado, e o evitar de procedimentos inspectivos e penas inadequados ao

Estado de Direito, por outro lado, passam por uma aproximação da ideia de justiça e da necessidade de eficácia. Em termos práticos, diriamos que passam pela aproximação do sistema fiscal, nomeadamente a nível da determinação da matéria colectável, pelas possibilidades práticas da Administração fiscal e pelas representações sociais de justiça.

Por outro lado, um vector que há que levar em consideração é o da progressiva monetarização da economia e da bancarização da actividade económica. O que permitirá recorrer a impostos indirectos, não só ao IVA como a outros impostos, a exemplo imposto de selo português que incide sobre a actividade financeira.

O ESTATUTO JURÍDICO DA PESSOA (DIREITOS DA PERSONALIDADE) E OS IMPOSTOS*

INTRODUÇÃO – O (ANTIGO) CONTRATO SOCIAL E A NECESSIDADE DOS DIREITOS DA PESSOA EM MATÉRIA DE IMPOSTOS

O estatuto jurídico de protecção da pessoa, integrado por direitos e deveres e estruturado para protecção de cada pessoa e das outras, em igualdade, projecta-se necessariamente nos impostos. Com particular acuidade nesta matéria, dado o carácter unilateral, "amputatório", dos impostos que põe em causa valores essenciais da pessoa (vida, saúde, liberdade, etc.).

O contrato social ainda hoje vigente tentava justificar os impostos com base na autotributação: a lei que cria os impostos é o espelho da vontade do povo (representado pelo parlamento); portanto é o povo destinatário dos impostos que cria os que se lhe vão aplicar. Democracia, paz social, efectividade...

A realidade contemporânea tem desmentido esta auto-tributação; e a mais recente sociologia fez aparecer por detrás da vontade geral ("justa e indiscutível") a rede de "faces", de interesses individuais, que falseiam os seus pressupostos. E que sujeitam os contribuintes a múltiplas injustiças ao serviço dos interesses e da vontade do poder do "Estado". Em termos de a manipulação dos impostos se transformar em "homeopatia da tirania" – e de múltiplas tiranias individuais e de grupos.

---

* Estudo publicado no livro de homenagem ao Professor Doutor Victor Uckmar em versão castelhana. Tradução portuguesa na Revista da Ordem dos Advogados, ano 65, I, Lisboa, Junho de 2005.

Enquanto não se atinge o "novo" contrato social em que os impostos a todos os níveis (criação, aplicação, resolução dos conflitos) sejam efectivamente contratualizados em termos de contribuições; há que defender o cidadão contra o Estado-fiscal através da subordinação dos impostos aos direitos da personalidade.

Começaria pela pessoa-em-si e os seus direitos de exclusão dos outros; o que só explica a proibição de "impostos". Na dimensão da pessoa com os outros introduzem-se os impostos, embora limitados pelo núcleo duro dos direitos da pessoa.

I – A PESSOA E OS SEUS DIREITOS

1. A pessoa em si: direitos da personalidade

O existir como pessoa é ser uma actividade vivida como auto-criação livre que se reconhece em todos os seus actos como movimento de auto-construção. Pessoa humana é ser livre, autocriador, sede de valores que se reconhece nos outros em termos de "nós".

A pessoa é um ser original, não participante em qualquer unicidade ontológica, anterior a todos os outros, o Estado e a sociedade aqui compreendidos – e nesta medida também anterior a si própria – com quem não se pode estabelecer uma relação de "sujeito-objecto", mas uma relação unicamente de "estar com" e de respeito[1].

A pessoa é anterior a todos as outras, à sociedade e ao Estado, e exige o respeito do que é "em si mesma". Afirma um estatuto jurídico e impõe-o a todos os outros, e reconhece-o em todos os outros, integrado por um núcleo de direitos fundamentais (naturais).

Neste momento, limita-se a excluir os outros daquilo que é (em si mesma). Encontramos aqui direitos, entendidos em termos de direitos de exclusão dos outros – como os direitos à vida, à saúde, à integridade corporal, à propriedade e transmissão da propriedade, à livre realização da pessoa de acordo com o seu projecto pessoal, aqui se incluindo o direito a uma actividade económica, etc.

---

[1] A noção de pessoa exposta nas páginas que seguem é devedora de Bruno Forte, *La trinitá come storia*, Milano, 1985, esp. págs. 60 e segs. Também: Diogo Leite de Campos, *Nós (Estudos sobre o Direito das pessoas)*, Coimbra, Almedina, 2003.

Nesta sede encontramos (só) a rejeição da intromissão de vontade estranha – seja ela a do Estado – na esfera irredutível do "ser-em-si".

Encontramos a negação de "impostos" (embora não de "contribuições").

2. A pessoa em relação com os outros

O ser "em si" é necessariamente um ser "para com os outros" e "com os outros". O outro não é o inimigo, o estrangeiro, mas um elemento naturalmente constitutivo do próprio ser. A actividade de auto--criação do ser é constantemente comunhão e adesão. Ser "com os outros" é uma extensão natural do "ser em si". A dialéctica interioridade – exterioridade é imprescindível para o próprio ser "em si", porque só se existe com os outros; sem os outros, ou extingue-se ou é-se um bárbaro. Conhecendo a sua própria dignidade pessoal, dignidade insuperável, cada sujeito reconhece serem também os outros comparáveis consigo, desde logo a nível da sua exterioridade A experiência quotidiana da pessoa é a experiência na segunda pessoa do singular ou na primeira pessoa do plural. O eu é incindível do tu e acaba por se transformar em nós. O ser para o outro, para com o outro, é necessariamente constitutivo do ser pessoal, numa relação em que se recebe para se dar e se dá para se receber, e quanto mais se dá mais se é (ou se tem).

Esta segunda dimensão do ser é a primeira dimensão da relação com o outro. É uma relação livre de cada um com todos os outros e cada um deles. Integra-se aqui outro nível do direito à livre formação da personalidade de cada um para a qual é necessária a constante referência aos outros, o intercâmbio com estes. Acentua-se nesta fase o direito (ou liberdade) à educação, à expressão, à religião, etc. A nível económico, situa-se aqui o direito de cada um dispor dos bens suficientes, a título pessoal, para tecer relações com os outros, recebendo-os e dando-os.

3. Eu-tu-nós. A comunidade e os deveres (os impostos/contribuições)

O eu-tu são incindíveis e transformam-se imediata e construtivamente no nós. O ser com os outros exprime a completude do ser: o estabelecimento necessário de uma relação de "vasos comunicantes" de reciprocidade e de solidariedade necessárias para com todos os outros.

O ser só se realiza na sua concretização mais vasta que é a comunidade de todos os seres humanos. Comunidade que é constituída por cada um que vai sendo constituído por todos e por cada um dos outros.

O ser humano que começou por ser dignidade única e irrepetível, ser em si, só se realiza, e também está aqui a sua dignidade única e irrepetível, na comunhão ética com os outros. Tornando-se, do objecto que alguns pretendem ver nele, autor do seu devir e do devir histórico da comunidade.

Na comunhão ética com os outros torna-se sujeito responsável da história.

É nesta sede que se encontra o Direito dos impostos. Enquanto manifestação de comunidade com os outros; mas de uma comunidade livre, em que cada um e os seus bens não são propriedade dos outros ou do Estado, mas propriedade de cada um, do eu (-tu-nós). Em que a propriedade assume uma dimensão social na qual se integram os impostos.

Nas sociedades contemporâneas a alternativa ao Direito dos impostos tem sido a propriedade do Estado, a falta de autonomia/liberdade/ser de cada um, pois que a propriedade e a sua livre transmissão são elementos constitutivos do ser.

Ao ser corresponde o ter. Mas um ter solidário que exige os impostos (melhor, contribuições) como pressuposto de liberdade.

II – OS IMPOSTOS (CONTRIBUIÇÕES)

4. O Direito dos impostos

O Estado de Direito contemporâneo, na sua versão de Estado-dos-direitos ou Estado-das-liberdades, tem ido longe no caminho das garantias dos cidadãos[2].

O processo criminal e o processo civil estão dirigidos insistentemente às garantias dos direitos dos ("alegados") faltosos.

Em Direito tributário, mais precisamente em procedimento e processo tributários, ainda se está muito longe de tal garantístico. O procedimento legislativo continua desprovido da necessária democraticidade, da necessária aderência à vontade popular.

---

[2] Sobre o que se segue vide Diogo Leite de Campos e Mônica Horta Neves Leite de Campos, *Direito Tributário*, 2ª edição, 2000, Coimbra, Almedina, esp. págs. 41 e segs.

O imposto encontra-se ainda revestido da aura que o acompanhou desde o século XIX, de nivelador social, de promotor de igualdade, de instrumento de redistribuição dos rendimentos e da riqueza. Ainda parece ser incorrecto associar-lhe o vício de poder ser instrumento de dominação de grupos políticos (e de pessoas) sobre a sociedade (ou certas pessoas); meio de extorsão em prejuízo dos mais desfavorecidos; obstáculo ao progresso económico-social; em resumo, contrário muitas vezes às reais necessidades e interesses da sociedade do século XX, como já o era na sociedade de fins do século XIX.

Está, pois, aberto o espaço para no Direito tributário se encontrar um discurso de raízes potencialmente anti-jurídicas (ao afastar-se o justo em homenagem ao "eficaz") e antidemocráticas (o legislador apresenta-se como diferente e superior ao povo que quer mudar, alegadamente provido este de toda a espécie de vícios e de interesses contrários ao bem comum – leia-se, ao interesse dos grupos políticos ou das pessoas com poder).

Num discurso de reacção contra as liberdades e as garantias, o credor-Estado (que se apresenta como lesado ou vítima) afirma-se dotado de direitos superiores aos do devedor ("autor do ilícito" – leia-se evasão e fraude fiscal) podendo usar graus crescentes de violência contra o devedor faltoso nos quadros da "luta contra a evasão fiscal" – que é erigida inconstitucionalmente em valor em si.

Definem-se autoritariamente certos tipos de comportamentos devidos (obrigações de imposto) e garante-se também autoritariamente a legitimidade de se usar o grau de violência necessário para coagir o devedor a cumprir. Afirmando-se, sem limitações, o primado da "ordem fiscal" sobre a "ética social". Atingindo-se graus de violência que geralmente não têm paralelo nos outros ramos de Direito e sem proporção, normalmente, com os actos que se pretende combater. Não se perguntando o legislador-credor se, perante um comportamento desviante da maioria dos contribuintes-devedores, não é o legislador que está errado e deve ser sancionado.

É particularmente evidente no campo do Direito tributário o desamor de muitos governantes pelo povo que governam e do qual dependem.

Este "despotismo iluminado" do legislador tem-se traduzido em múltiplas infracções aos direitos das pessoas no campo do "Direito" tributário.

Há que subordinar os impostos – "Direito tributário" – ao quadro jurídico produzido pela pessoa humana em sociedade e animado desde logo por um conjunto de direitos fundamentais.

III – OS DIREITOS FUNDAMENTAIS TRIBUTÁRIOS DA PESSOA

5. Isenção do necessário à manutenção de uma existência em condições económicas dignas

A pessoa em si – vida, saúde, integridade física, educação, cultura, etc., em geral, existência e auto-criação – tem duas dimensões: uma negativa e outra positiva. A primeira dimensão, negativa, impõe a não tributação dos rendimentos e da riqueza necessários para manter a saúde, a vida, para adquirir bens de cultura, etc.

Tradicionalmente, tem-se entendido que se trata, meramente, da isenção do mínimo da existência. Do necessário a cada um para satisfazer as suas necessidades de estrita sobrevivência física: alimentação, vestuário e abrigo.

Esta concepção reflecte uma sociedade pouco atenta aos direitos humanos e à sua tutela; não lhe servindo de desculpa as suas insuficiências económicas, pois a protecção da pessoa deve constituir a preocupação política fundamental em qualquer sociedade, vindo antes de todas as outras.

Com o aprofundamento do Estado de Direito – assente na justiça, na referência à pessoa, na participação dos cidadãos na coisa pública – a isenção do mínimo de existência tende a tornar-se uma *isenção do médio da existência*. Ou seja: dos rendimentos e da riqueza de que o cidadão médio necessita para satisfazer as suas necessidades normais em matéria de saúde, alimentação, vestuário, cultura, educação, recreio, etc. Esta isenção do médio de existência levará, por exemplo, à não tributação da casa de morada do contribuinte e da sua família, se esta não exceder as necessidades de um cidadão médio com aquela composição de agregado familiar.

O artigo 6.º, 1, a) da Lei Geral Tributária portuguesa vem consignar o princípio da isenção do necessário a uma existência em condições económicas dignas. O que se deve interpretar como isenção de médio de existência.

A isenção em causa deve existir a nível da pessoa singular e do grupo familiar em que esta se integra. Em termos de todos e cada um dos membros do grupo terem direito a tal isenção.

O Estatuto Jurídico da Pessoa (Direitos da Personalidade) e os Impostos 55

6. A proibição do confisco

A proibição do confisco está intimamente ligada à isenção do necessário a uma existência em condições económicas dignas e ao princípio seguinte que é o da proibição do estrangulamento tributário.

Como referimos, o <u>ser</u> tem uma dimensão de <u>ter</u>, de suporte material para além do corpo humano, compreendendo os pressupostos materiais de apoio à existência.

Constituindo o imposto uma limitação do direito de propriedade, a proibição do confisco representa, não só uma protecção da pessoa humana, directamente, como também um princípio material de protecção do direito de propriedade. Entendido este como englobando todos os interesses que uma pessoa pode ter fora de si mesma, materiais da sua liberdade.

Mesmo sem atingir 100% dos bens tributáveis, o imposto terá carácter confiscatório se puser em causa o essencial dos interesses que integram o direito de propriedade e, através dele, a pessoa humana.

O estabelecimento de presunções e índices ou parâmetros desrazoáveis, não comprovadamente assentes nos dados da ciência e da experiência, terá efeitos confiscatórios.

7. Proibição do estrangulamento tributário

O artigo 7.º, 3 da Lei Geral Tributária determina que a tributação não discriminará qualquer profissão ou actividade, nem prejudicará a prática de actos legítimos de carácter pessoal.

Na parte final visou-se proibir o chamado efeito de estrangulamento. A pessoa não é só um ser estático, mas também é uma actividade constante, não só consigo mesma mas também com os outros. É interrelacionando-se e exercendo a sua acção sobre os bens que a pessoa se autocria e realiza o seu projecto pessoal.

Os impostos não podem impedir o livre exercício das actividades humanas, individualmente ou em associação com outrem. Não deve o Direito dos impostos impedir a livre escolha de uma profissão, de uma actividade lúdico-cultural, através de uma tributação excessiva dessa actividade ou dos seus resultados. Assim, será de afastar um imposto que ultrapasse determinados limites sobre o rendimento das pessoas e das sociedades; a tributação sobre o património que leve à alienação deste; etc.

8. O limite do sacrifício

A modelação e o crescimento da carga fiscal têm sido utilizados (também) como instrumento de poder de pessoas e organizações. Em termos de o poder da "classe" política contemporânea assentar cada vez mais preponderantemente nas receitas fiscais como instrumentos de distribuição de rendimentos e de aquisição de apoio.

O crescimento da carga fiscal, só aparentemente nos quadros do Estado-dos-cidadãos, pode transformar-se (e tem-se transformado) na promoção "homeopática" do "despotismo iluminado" – do poder dos burocratas e políticos profissionais.

A sociedade civil, para não ser absorvida insensivelmente pelo Estado, deve guardar para si, colectiva e individualmente, a maior parte do P.I.B.

9. O princípio da liberdade (autonomia privada) – Também: normas anti-abuso e preços de transferência

No Estado-de-Direito-democrático-dos-cidadãos o Direito é criado, antes de mais e principalmente, pelas pessoas. Estas criam o Direito interrelacionando-se, criando uma teia de relações jurídicas que definem um tecido jurídico-social que é o conformador e a parte fundamental do Direito em geral. A actividade das pessoas orienta-se por formas jurídicas livremente criadas e dispostas por si, ao obrigo do princípio da autonomia privada ou liberdade negocial.

Esta liberdade negocial, no plano da pessoa, é expressão da sua liberdade auto-criadora; no plano económico, é também consequência da existência da propriedade e da sua livre disponibilidade. Com efeito, o direito da propriedade é existencialmente o poder de dispor do bem, das suas utilidades, o poder de fruir, sendo o poder de dispor um aspecto da fruição.

Mas é, antes de mais e sobretudo, vertente fundamental da liberdade que "é" o ser humano. A propriedade privada tem sido entendida na tradição europeia como uma condição integrante da liberdade do ser humano.

Só é livre quem é autónomo (Platão). Ou só é livre quem dispõe dos meios materiais e essenciais de uma vida digna (S. Tomás de Aquino).

Assim, a propriedade privada, no seu duplo aspecto de titularidade da propriedade e da sua disponibilidade, é uma condição da existência da liberdade humana.

O Estatuto Jurídico da Pessoa (Direitos da Personalidade) e os Impostos 57

Vejamos que consequências esta liberdade tem no plano do Direito fiscal.

A generalidade das escolhas económicas, e mesmo pessoais, da pessoa têm hoje relevância fiscal na medida em que são sujeitas a imposto e as vias alternativas para atingir resultados idênticos também estão sujeitas a imposto, embora eventualmente com peso diferente.

Quando se pretende atingir um certo resultado jurídico, têm-se à disposição diversas vias juridicamente relevantes, havendo que escolher entre elas. Esta escolha é, mais do que lícita, perfeitamente "natural" por corresponder à liberdade do ser humano.

Tais opções não compreendem qualquer nível de ilicitude, mas unicamente de "prevenção" fiscal – no sentido de se prevenirem impostos mais pesados por se escolherem condutas ou situações jurídicas menos tributadas.

O que acabamos de dizer é certo tanto a nível das pessoas singulares como das empresas. O bom pai/mãe de família e o bom gestor não só não são obrigados a retirar dos seus negócios o máximo de proveitos (tributáveis) que as circunstâncias lhes teriam permitido, como serão passíveis de censura se não levarem a cabo os comportamentos adequados à menor tributação. Nas sociedades comerciais os actos de gestão devem, para ser rentáveis e eficazes, visar obter todas as vantagens fiscais possíveis. A gestão fiscal é parte inseparável da gestão.

Há, porém, situações em que o legislador ou os tribunais têm entendido que se "abusa" do "direito" de realizar prevenção fiscal, da própria liberdade negocial, utilizando esta com fins contrários ao seu fim e ao seu valor social. Considerando-se que, a partir de um certo limite, o contribuinte deixa de gerir os seus interesses para passar a gerir os interesses públicos definidos no ordenamento jurídico tributário.

Nesta matéria, legisladores e tribunais têm usado de precauções para evitar a intromissão na esfera jurídica privada. É disto um exemplo a Lei Geral Tributária Portuguesa no n.º 2 do seu artigo 38.º, ao estabelecer um certo número de requisitos (intuito fiscal, abuso de formas jurídicas, fraude à lei, resultado fiscal) prévios à desconsideração dos actos ou negócios.

Contudo, mesmo com estas precauções, não me parece que se trate de um princípio facilmente adequável aos valores do Estado-de-Direito-democrático que devem informar o Direito fiscal. Com efeito, uma vez verificados cuidadosamente e analisados com o rigor todos os seus pressupostos, só será possível a sua aplicação num reduzidíssimo número de casos.

58   *O Sistema Tributário no Estado dos Cidadãos*

Mesmo que entendamos que vale a pena deixar em aberto um princípio geral correctivo, sempre se perguntará se este é compatível com o princípio da segurança das relações jurídicas, se não será uma "bomba atómica" que a Administração fiscal terá sempre sobre a cabeça dos contribuintes, não resistindo – é esta a experiência – em aplicá-la em todos os casos com os quais não concorde por o contribuinte ter feito prevenção fiscal.

Haverá uma correlação justiça efectiva/injustiça potencial muito desfavorável à justiça.

Propendemos, assim, a considerar tal norma ou normas equivalentes como inconstitucionais por violarem o princípio da liberdade ou, pelo menos, o princípio da segurança jurídica.

Nas normas equivalentes incluo as referentes aos <u>preços de tranferência</u> em que, depois de se usarem todas as precauções para se salvaguardar a autonomia negocial, o resultado também dispõe no sentido de grande injustiça potencial e consome o relevo dos eventos de justiça efectivos.

10. O princípio da legalidade como direito à liberdade

O princípio da reserva absoluta da lei formal em matéria dos elementos essenciais dos impostos – incidência, benefícios, taxas e garantias dos contribuintes – é disposto no artigo 103.º, 2 da Constituição da República e é aplicado no n.º 1 do artigo 8.º da Lei Geral Tributária.

O Direito dos impostos constitui uma limitação, muito séria, à liberdade da pessoas humana em si mesma e na sua propriedade, à sua auto-criação, ao seu projecto de existência, à livre formação da sua personalidade. Sendo, naturalmente, a pessoa humana anterior ao Direito, nomeadamente ao Direito Tributário.

Portanto, só se podem aceitar os referidos limites uma vez consentidos pelos seus destinatários. É assim que o princípio da legalidade, enquanto produção dos impostos pelas assembleias representativas dos contribuintes, é, no meu entender, uma expressão do princípio da liberdade e da democracia.

IV – AS GARANTIAS DOS DIREITOS FUNDAMENTAIS

11. A certeza jurídica – estabilidade, cognoscibilidade e previsibilidade do Direito

A certeza jurídica determina a estabilidade, a cognoscibilidade e a previsibilidade do Direito.

Os contribuintes devem poder conhecer as normas jurídicas e o Direito que é dito pela Administração e pelos Tribunais. Em termos de pautarem por eles a sua conduta consciente e livremente.

Aqui se situa a proibição da retroactividade das normas fiscais (artigo 103.º da Constituição da República Portuguesa).

Depois, esse Direito tem de ser estável. A instabilidade do Direito, com múltiplas e rápidas alterações, destrói a ordem jurídica em si mesma, cria incerteza sobre o futuro e mesmo sobre o presente por tornar dificilmente cognoscível o Direito.

As condutas dos particulares não são, pela própria natureza das coisas, instantâneas; prolongam-se no tempo a nível da sua concepção, da sua execução e das suas consequências. Pelo que os contribuintes necessitam de prever qual é o Direito que se vai aplicar à sua conduta e aos seus efeitos. Assim, o Direito tem de ser estável no tempo ou, pelo menos, garantir a sua estabilidade quanto a certas condutas. Vai-se mais além da proibição da não retroactividade e do próprio respeito pelos direitos adquiridos. Exige-se que o Direito fiscal não se altere mais rapidamente do que se alteram as condutas humanas, não podendo ser alterado no decurso de condutas que contavam com a sua estabilidade.

12. A capacidade contributiva. Os direitos à igualdade e à não--discriminação

O princípio da capacidade contributiva, entendida esta como pressuposto e medida dos impostos em geral e das prestações concretas, é uma exigência do estatuto da pessoa e um fundamento do sistema tributário. Deve considerar-se que é da correcta aplicação pelo intérprete e pelo legislador das normas que impõem o respeito pela capacidade contributiva que decorre a justificação do sistema tributário.

O princípio da capacidade contributiva decorre da Constituição da República Portuguesa e encontra hoje assento literal no artigo 4.° da Lei Geral Tributária: os impostos assentam essencialmente na capacidade contributiva revelada, nos termos da lei, através do rendimento, da sua utilização e do património.

A capacidade contributiva dialoga também com as normas tributárias da igualdade e da generalidade e com a norma da justiça tributária.

A capacidade contributiva é integrada por ingredientes económicos, em termos de capacidade económica. Ninguém pagará impostos em virtude da sua religião, raça, instrução, etc., mas em atenção à sua capacidade económica.

Na sua vertente negativa exclui que se tributem situações que não revelem capacidade contributiva.

A nível da criação da lei não se podem tributar situações que, em abstracto, não revelem capacidade contributiva.

Quando da aplicação da lei, não deverão ser tributadas situações concretas que não revelem capacidade contributiva. A norma que as regule, mesmo constitucional em termos gerais, será inconstitucional nesse caso em atenção às consequências a que conduz.

Na sua vertente positiva, a capacidade contributiva significa que todo aquele que dispõe de rendimentos ou riqueza ou realiza despesas, deverá pagar impostos. A Constituição da República Portuguesa aponta claramente no sentido da tributação da matéria colectável real e só desta (artigo 104.°, n.ᵒˢ 1 e 2). A capacidade contributiva será idoneidade económica para suportar o ónus do tributo; exige que o tipo legal de imposto contenha referência só a elementos económico-financeiros; em termos da generalidade (igualdade e não discriminação).

V – OS DIREITOS DA PESSOA A NÍVEL DO PROCESSO E DO PROCEDIMENTO

A "descoberta" do papel do intérprete (administrador fiscal e juiz) na criação ("aplicação") do Direito, levou a dar um novo relevo ao procedimento e processo como instrumentos de realização do Direito (justiça, certeza, segurança, igualdade, etc.). Assim, os princípios fundamentais do procedimento e do processo têm adquirido categoria de direitos, liberdades e garantias constitucionais. Um deles, saliento-o, é o da participação do contribuinte no procedimento administrativo tributário.

VI – OS DIREITOS DA PESSOA (COM OS OUTROS)

Nesta sede, inúmeros direitos, de conteúdo muito variável no tempo e no espaço, se poderiam referir.

Os "direitos" ao meio ambiente, ao desenvolvimento económico e social, à habitação, ao trabalho, etc., têm projecção em matéria de impostos. Trata-se de "direitos" de conteúdo programático que implicam que a actividade do Estado, nomeadamente a actividade legislativa, se coadune com tais programas.

Em matéria de impostos, haverá que promover, através dos devidos benefícios e agravamentos, e na medida do necessário, tais programas.

O NOVO CONTRATO SOCIAL:
DOS IMPOSTOS ÀS CONTRIBUIÇÕES*

I – PESSOA HUMANA, IMPOSTO E CONTRATO SOCIAL

1. O ser em si e com os outros, e os impostos

A contratualização dos impostos, a sua transformação em contribuições, é uma manifestação normal, diria natural, da pessoa em si mesma e com os outros (e com o Estado).

2. O "antigo" contrato social – O iluminismo francês e a (falsa) contratualização dos impostos

Os séculos XIX e XX conheceram uma (falsa) contratualização dos impostos decorrente do axioma de o Parlamento representar a vontade popular e da divisão constitucional dos poderes.

O iluminismo francês assentou no dogma de que o povo criava as leis que se lhe iam aplicar; não se podendo enganar na definição dos seus interesses e na maneira de os prosseguir. Representando os parlamentos a vontade popular e estando os impostos reservados ao parlamento, o povo auto-tributava-se.

O poder executivo (Administração) limitava-se a aplicar a lei. De modo que cada cidadão era tributado rigorosamente segundo a vontade geral – naturalmente justa em si mesma e nas suas consequências.

---

* Publicado na Revista da Ordem dos Advogados, ano 65, III, Lisboa, Dezembro de 2005.

64 *O Sistema Tributário no Estado dos Cidadãos*

Os tribunais, nas pouquíssimas vezes em que eram autorizados a intervir na actividade administrativa, também se limitavam a dizer a lei ("exegése da lei").

Esta fantasia iluminista que escondia uma vontade de poder foi sendo afastada pela realidade. A sociologia, sobretudo na segunda metade do século XX, veio pôr a claro a teia de interesses por detrás da forma da vontade popular e a justiça meramente formal que a lei representa.

3. A diminuição do princípio democrático (o contrato social em crise)

À medida que o Estado aumentava de poder e a classe política se profissionalizava, diminuía a comunicação entre governantes e governados. Cada vez menos os parlamentos eram considerados como representantes fidedignos da vontade do povo, e a criação de impostos afastava-se de qualquer válido quadro contratual.

A sociologia mais recente vem apontando as múltiplas faces que estão por detrás da face do Estado; os múltiplos interesses que determinam o "interesse público".

Hoje, os muitos actores que participam nos impostos, podem agrupar-se em três categorias.

É cada vez mais presente, também em Portugal, a sociedade civil no momento da criação dos impostos, através de numerosos grupos de pressão, sindicatos, associações patronais, regiões, organizações profissionais, grandes investidores, técnicos, intelectuais e instituições científicas e meros interesses individuais que influenciam, no momento da elaboração do Orçamento de Estado, a criação de impostos e a sua modelação.

Por outro lado, a legislação fiscal é preparada por níveis intermédios da Administração que a fazem atravessar incólume instâncias políticas impreparadas. São com frequência instâncias técnicas e administrativas as reais autoras da legislação atribuída aos órgãos políticos. O que revela um grande afastamento entre a vontade popular e os impostos.

O terceiro actor são os políticos. A relação obrigacional tributária desenrola-se em termos pré-fixados pelo credor Estado, O credor está numa posição de supremacia de que abusa frequentemente em benefício da sua vontade de poder, o que vai contra os princípios do Estado de Direito dos cidadãos.

O *Novo Contrato Social: dos Impostos às Contribuições*   65

Desta situação resulta também a tendência para a Administração tributária vir diminuindo, por via legislativa, as garantias dos contribuintes, e criar novas obrigações acessórias que incidem sobre estes, em benefício da mesma Administração.

4. A tentativa de eticizar os impostos

Em consequência, tentou-se introduzir valores de justiça na criação dos impostos; descobriu-se a necessidade de um correcto procedimento administrativo, para controlar a Administração que é quem diz o Direito; e recorreu-se aos juízes, para logo se descobrir, também nestes, uma multidão de pessoas com os seus variados interesses e maneiras de criar o Direito.

5. O novo contrato social

Regressou-se ao início. À falta de justiça das leis de imposto; à dificuldade de controlar a Administração; à insuficiência dos tribunais do Estado; e procurou-se um novo contrato social dos impostos.

Não se busca mais a justiça na lei, ou a certeza do Direito no rigor da Administração ou dos tribunais. Antes, tenta-se redescobrir a vontade de todos os interessados na criação dos impostos; e a vontade dos destinatários, em geral, e do contribuinte concreto, na aplicação da lei e no seu controlo.

Têm de ser os grupos sociais interessados a negociar o que querem pagar de impostos; e cada contribuinte a "aceitar" o seu imposto.

Só assim se obterá a justiça possível – através de autêntica aceitação pelo conjunto de destinatários da proposta fiscal do Estado; e da aceitação por cada um da proposta concreta de tributação. Sendo os diferendos compostos pelas "partes" através da arbitragem.

Regressa-se às contribuições presentes na república romana e na Idade Média e que influenciavam ainda há pouco a terminologia dos impostos em Portugal ("Direcção Geral das Contribuições e Impostos", "Código de Processo das Contribuições e Impostos", etc.).

Paremos por um momento a tentar ver a natureza das coisas: não será a noção de contribuição, muito mais do que a do imposto, a única compatível com a dignidade da pessoa? Não será o imposto – absolutista, iluminista, liberal – um corpo estranho nas sociedades democráticas do contrato social?

6. A pessoa humana e os impostos – Do eu ao nós

Cada pessoa é um ser original não participante em qualquer unicidade ontológica, anterior a todos os outros, o Estado e a sociedade aqui compreendidos. Na pessoa em si mesma, encontra-se a primeira justificação para a recusa natural de imposições externas. Daqui deriva a dificuldade histórica em aceitar os impostos como imposições, como punções unilaterais no património da pessoa, na sua vida, na sua liberdade, na sua realização.

Esta impossibilidade só se ultrapassa se levarmos em conta um segundo nível da pessoa: o ser em si mesmo é necessariamente um ser para com os outros e com os outros. Sendo o outro um elemento naturalmente constitutivo do próprio ser. Só se existe com os outros. Conhecendo a sua própria dignidade humana, insuperável, cada um reconhece, em todos os outros, seres comparáveis a si mesmo e, portanto, incomparáveis. O eu é incindível do tu e acaba por se transformar no nós.

Esta dimensão do eu-tu-nós que acaba por se sintetizar no nós – composto por seres irredutíveis – é a justificação dos impostos. Mais precisamente, das contribuições, evoluindo-se para um novo contrato social.

7. Criação dos impostos, contrato social e democracia

Os impostos, mais precisamente as contribuições, foram entendidos em termos contratuais em diferentes épocas históricas, como referimos.

Desde logo, nos primeiros tempos da república em Roma em que eram os cidadãos, mais precisamente os "chefes de família", que votavam contribuições para as necessidades públicas.

Depois, na Idade Média, em diversos Estados europeus, como Portugal: nas cortes estavam representantes dos contribuintes, organizados

O Novo Contrato Social: dos Impostos às Contribuições 67

por cidades e por profissões. Estes eram fidedignos interlocutores do rei, em termos de poderem negociar com este as contribuições a pagar.

Este princípio da auto-tributação, contratualização da criação dos impostos, foi recebido, mas só formalmente nos Estados liberais do século XIX.

8. Tentativa de recuperação do princípio democrático – A nível da pessoa

Daí que os contribuintes tenham vindo a mostrar-se cada vez mais interessados em todos os níveis da criação dos impostos, mesmo da obrigação tributária concreta, e na decisão de litígios que tenham com o Estado, na qual os tribunais do Estado são cada vez mais sentidos como desajustados.

II – O NOVO CONTRATO SOCIAL

A) A CRIAÇÃO DOS "IMPOSTOS" – AS CONTRIBUIÇÕES

9. Parametrização de rendimentos. A intervenção das associações de sector

Estão previstos em Portugal, na Lei Geral Tributária, critérios objectivos de controlo da actividade económica dos contribuintes, com um duplo sentido: controlo das suas declarações; posteriormente, e se necessário, fixação da matéria colectável. Na fixação desses índices ou critérios deverão ser ouvidas as associações do sector em causa.

Existe, hoje, um vasto consenso sobre a parametrização dos rendimentos das PME, dos artesões e dos profissionais liberais. Esta parametrização tem de ser próxima da realidade, através de estudos de sector de onde decorrerá a sua justiça e, logo, a sua aceitação pelos destinatários.

Nos estudos de sector devem intervir as associações representativas das actividades económicas desse sector. Devendo estas participar acti-

68   *O Sistema Tributário no Estado dos Cidadãos*

vamente no estudo e validar a solução final. O que impõe uma verdadeira contratualização da criação de parâmetros – logo, de normas fiscais gerais e abstractas.

A caminho da realização (agora mais possível) da justiça.

10. A contratualização da matéria colectável das grandes empresas

A nível das grandes empresas, tem-se proposto a contratualização dos seus impostos. Em termos de os impostos a pagar a médio prazo serem fixados previamente nos quadros legais.

B) O PROCEDIMENTO – INTERVENÇÃO DO CIDADÃO

11. A obrigação tributária concreta

Comecemos pelo primeiro aspecto: a intervenção do contribuinte na determinação da sua obrigação tributária concreta.

Será que, nesta matéria, se pode falar de uma verdadeira contratualização em Portugal? Parece-me que ainda não.

Um passo, porém, foi dado com a aquisição pela doutrina, pela jurisprudência e pela lei, da concepção do acto de liquidação dos impostos, não como acto de criação de uma obrigação tributária, até ai inexistente, mas sim como a declaração de uma obrigação tributária pré-existente e decorrendo da lei de maneira estreitamente vinculada. Passou-se do 'império" da Administração para a força da lei. Ainda é pouco, mas está-se no bom caminho.

12. A participação dos contribuintes

A participação dos contribuintes no procedimento tributário resulta da previsão na Constituição da República da participação dos cidadãos na actividade administrativa (artigo 267.º, 5).

A Lei Geral Tributária de 1999, no seu artigo 60.º, veio exigir que antes da prática de actos administrativos com carácter definitivo seja ouvido o contribuinte, perante um projecto dado, para exprimir a sua posição e permitir à Administração tributária rever esse projecto.

O *Novo Contrato Social: dos Impostos às Contribuições* 69

Trata-se, contudo, de uma medida que não reflecte uma verdadeira contratualização, mas sim, antes, uma simples audição prévia do contribuinte. A decisão, unilateral, continua a ser da Administração tributária, que pode desconsiderar as razões apresentadas pelo contribuinte.

13. A fixação da matéria colectável por métodos indirectos

No caminho da contratualização encontramos a Lei Geral Tributária no seu artigo 92.º. Exige que, no caso de fixação da matéria colectável por métodos indirectos, se estabeleça um diálogo entre o contribuinte e a Administração com vista a chegar-se a um acordo. Acordo que vinculará a Administração fiscal.

Esta referência a um acordo é nova em Direito Fiscal.

Contudo, a lei ficou aquém do que seria exigido. Na medida em que, no caso de divergência insanável entre o contribuinte e a Administração, é o ponto de vista da Administração que prevalece.

Julgo que terá de se caminhar para, no caso de haver uma distância significativa entre o texto da lei e a determinação do montante da obrigação tributária, se abrir um procedimento de discussão com o contribuinte e, no caso de não se chegar a um acordo, tenha de ser uma instância independente a resolver o litígio.

E essa distância existe não só nos métodos indirectos, como em preços de transferência, cláusula geral anti-abuso, etc.

A presença de um perito independente no procedimento de revisão (art.º, 91.º, 4) aponta no sentido de uma arbitragem. Mas muito timidamente, pois o perito nada mais faz do que dar um parecer que não é vinculativo.

C) *A CONTRATUALIZAÇÃO DA RESOLUÇÃO DOS CONFLITOS*

14. A arbitragem em Direito fiscal. Obstáculos

Não é de estranhar que tenham vindo a ser levantados sérios obstáculos à arbitragem de conflitos em Direito Fiscal. Sobretudo por parte da Administração fiscal (vd. sobre esta matéria, infra, A arbitragem em Direito Tributário).

15. O desmascarar dos governantes

A sociedade contemporânea é caracterizada por um elevado grau de monopolização pelo Estado dos meios financeiros, policiais, judiciais, etc. Tal monopólio é contemporâneo da criação de um aparelho de dominação diferenciado, conhecendo no seu interior uma acentuada divisão do trabalho. O verdadeiro poder é detido pelo aparelho administrativo. Os detentores de funções centrais neste aparelho adquirem um grande poder social, impõem-se aos "governantes" que são cada vez mais escolhidos entre eles. O afastamento entre *governantes* e *governados* acentua-se. Descobre-se que os governantes não são diferentes (não são o "princeps" romano, o monarca iluminado), mas pessoas como todas as outras. E que o Estado não é uma ideia, uma vontade, um Leviathan, um deus, mas um conjunto de pessoas com os seus interesses próprios, as suas oposições, com o carácter de estrangeiros em relação aos seus concidadãos.

Velhos mitos são postos em causa; desde logo, a "sacralização" dos governantes pelo seu carácter representativo. O povo exige uma participação directa nas decisões políticas – lembremos as sucessivas crises universitárias, as lutas pelo equilíbrio ecológico, Maio de 68. E os governantes tentam adquirir uma nova legitimidade através da sua conformidade a sucessivos inquéritos à opinião pública, da audição sistemática das forças sociais, do recuo perante movimentos reivindicativos.

E em matéria de impostos? O aparelho político-administrativo, consciente de que é aqui que se encontra o fundamento do seu poder, cede em pormenores (baixa taxas, concede benefícios, etc.), mas mantém o essencial: as receitas elevadas e a "autoridade", a "diferença" que fazem do imposto o instrumento de dominação dos governantes, transformando os governados, de sujeito do poder, em seu objecto.

16. Os obstáculos à arbitragem em Direito Fiscal

A introdução da arbitragem em Direito Fiscal tem deparado em Portugal, como na generalidade dos Estados, com dois obstáculos fundamentais: o monopólio da administração da justiça pelo Estado através de juízes togados; o acentuado autoritarismo, "imperium", do Estado em matéria de Direito Tributário.

O *Novo Contrato Social: dos Impostos às Contribuições* 71

Para entendermos estes obstáculos, há que fazer a sua genealogia. A genealogia das relações de poder entre o Estado e a sociedade, que lhes estão subjacentes.

Comecemos pelo monopólio da justiça por juízes togados.

17. A primitiva auto-composição dos conflitos

Em Portugal, até ao século XVI, a administração da justiça era levada a cabo por uma rede difusa de pessoas, de organizações sociais, de centros de interesses.

Antes de mais, pelo ofendido e pela sua família que procediam normalmente a uma composição de interesses com o ofensor e a sua família. Mesmo nos casos mais graves, como crimes de sangue, em que, nos primeiros tempos, a reacção pertencia à família do ofendido, podendo o ofensor e a sua família "restaurarem o equilíbrio" através do pagamento de um certo "preço do sangue".

A seguir, pela comunidade em que os interessados se inseriam. Ou através de mecanismos difusos e automáticos de sanção, como a rejeição social, a expulsão da comunidade, a censura pública. Ou por acção da Igreja, através de sanções espirituais e, algumas vezes, de carácter material.

Noutras situações reuniam-se os homens bons da terra, as pessoas mais prestigiadas, que resolviam o conflito dizendo os direitos de cada um.

Surgindo só em último recurso a figura do juiz, normalmente pessoa de prestígio na região, que era chamada a dirimir os conflitos mais graves ou insolúveis de outro modo. Mas tratava-se sempre de um juiz "social", tirado da sociedade, embora naturalmente dotado de uma certa relação privilegiada com o poder público, nomeadamente com aquele que devia fazer cumprir as suas decisões.

A sociedade civil ia resolvendo a maior parte dos seus problemas, restando não muitos para serem decididos pelo poder público, fosse o rei ou os grandes senhores.

18. O monopólio do Estado e dos seus tribunais – A lei como instrumento de uniformização

Foi, como é sabido, com os alvores do Renascimento que o rei se revestiu do "imperium", do poder absoluto, injustificado ou injustificável, do "princeps" romano. No Renascimento apareceu dotado de uma justificação divina, a exemplo do que acontecia já com o imperador romano ou bizantino dos últimos tempos do Império.

A vontade do rei transformou-se no único elemento coordenador e disciplinador da sociedade. Vontade expressa através da lei.

A exemplo dos novos exércitos profissionais e permanentes organizados pelo poder absoluto como instrumento da sua vontade e do exclusivo da violência legítima, também a sociedade começou a ser uniformizada e disciplinada nos quadros do Estado, estrutura hierarquizada antes de mais pela lei (vontade do rei).

19. Cont. – Os tribunais como instrumentos de uniformização da aplicação da lei

Não bastava criar uma lei uniforme. Era necessário que esta lei fosse entendida e aplicada uniformemente. O que não parecia difícil, dada a diversidade das religiões, dos hábitos, dos costumes, das próprias pessoas que a iam aplicar, não tendo necessariamente uma formação comum que lhes permitisse aplicar uniformemente essa lei.

A composição social, difusa, dos conflitos passou a ser substituída por uma composição autoritária, centralizada, desses mesmos conflitos.

Os juízes de cada terra foram substituídos por "juízes de fora", indivíduos nomeados pelo Rei, frequentemente dotados de uma formação jurídica adquirida uma mesma Universidade, no caso a Universidade de Coimbra.

Portanto, para além da lei ser produzida centralmente, também era aplicada pelo poder central, através de juízes dotados de uma formação idêntica e portanto, em princípio, idêntica capacidade para a aplicar uniformemente.

E começaram a ser criados tribunais centrais sob a égide do monarca, constituídos por juristas profissionais dotados de uma formação uniforme.

Esta tendência veio a crescer ao longo dos séculos com a acentuação do poder real. E afirmou-se a seguir ao Iluminismo.

Ao ser humano cristão e medieval, livre, autónomo na sua relação com o seu Criador, estirado pelos pólos opostos do bem e do mal entre os quais podia escolher, o Iluminismo substituiu outro "ser humano".

O *Novo Contrato Social: dos Impostos às Contribuições* 73

Partícula da matéria do cosmos, regido por leis uniformes assentes na matemática, explicável nos seus comportamentos e nos seus fins de grupo por leis da natureza semelhantes às que regulavam outro qualquer conjunto material ou animal.

A lei tendia a deixar de ser uma norma ética, aparecendo antes como reflexo da necessidade do comportamento humano, resultante da natureza humana que era meramente material.

E daqui também que se tivesse passado a entender a aplicação da lei como um mero automatismo, mera subsunção do caso no quadro legal levada a cabo por técnicos, semelhantes ao técnicos das ciências da natureza.

Chegamos à física social de Comte, ao materialismo histórico de Marx e ao positivismo de Durkheim. Os grandes exegetas franceses do século XIX não ensinavam o Direito civil, mas a lei, o Código de Napoleão. E os juízes limitavam-se a aplicar, indiscutidamente, normas cujo sentido parecia textualmente evidente.

20. A recuperação da pessoa, do cidadão e do contratualismo democrático

A afirmação do Estado de Direito como Estado-dos-cidadãos participantes na própria actividade administrativa e nas decisões aqui tomadas, tem vindo a reflectir-se em Direito tributário. Lembremos as experiências, embora tímidas, da Lei Geral Tributária portuguesa, com a audiência prévia do contribuinte perante a decisões da administração que lhe digam respeito; a transparência da actividade administrativa perante o contribuinte; e a promoção de um acordo entre o contribuinte e a administração no caso de haver um grande espaço entre as normas e a decisão concreta, como seja na fixação da matéria colectável por métodos indirectos.

Tende a desaparecer a ideia-força do acto tributário como acto administrativo de "autoridade", devendo as relações entre a Administração e o contribuinte estabelecer-se entre duas partes paritárias e independentes.

Assim, no próprio processo tributário, e embora na prática ainda se esteja longe, veio a LGT afirmar o princípio da igualdade das armas.

Os cidadãos através das suas organizações próprias, da sua rede de interesses tanto a nível pessoal como a nível empresarial, estão cada vez

74   *O Sistema Tributário no Estado dos Cidadãos*

mais atentos à actividade do Estado, pondo limites, definindo critérios, exigindo que ela esteja efectivamente ao serviço dos interesses (e no fim, ao serviço de cada um) da sociedade e não ao serviço do Estado enquanto entidade oposta à sociedade.

Este fenómeno é cada vez mais evidente em Portugal.

21. A arbitragem em Direito fiscal

A função judicial (que eu muito profundamente respeito e admiro, também por ser filho, neto e bisneto de magistrados do Estado) tem vindo a sofrer com o desencanto generalizado perante o Estado. Assim, a Constituição portuguesa já prevê meios alternativos de resolução de conflitos para além dos tribunais.

Acaba de ser introduzida a arbitragem para resolução de conflitos no âmbito de Direito Administrativo.

Porque não no âmbito tributário?

A sociedade civil, libertando-se progressivamente do poder do Estado, tem vindo a entender que, tendo legitimidade para criar as suas próprias relações intersubjectivas, para criar o seu próprio Direito para além do Direito legislado, também deve ter legitimidade para resolver os seus próprios conflitos. Quem celebra um contrato deve resolver os conflitos inerentes.

Esta pressão tem sido cada vez maior à medida que o afrouxar do tecido social, o aumento da conflitualidade, o crescimento da densidade técnica dos problemas e a incapacidade do sistema judicial para lhes responder têm vindo a pôr a nu as insuficiências deste (que não são insuficiências da generalidade dos juízes).

Também em Direito fiscal a sociedade civil pretende afirmar-se, não como sujeita ao poder politico em termos de impostos, mas sim como dialogando consigo mesma em termos de contribuições. Definindo as necessidades públicas e garantindo a sua satisfação para além da actividade formal da Assembleia da República.

Tem-no feito através dos seus organismos representativos, do próprio jogo dos partidos políticos, etc.

Quer ir mais longe. A arbitragem em Direito tributário está próxima, embora continue a defrontar com a relutância da classe dirigente em abandonar os últimos instrumentos de controlo da sua principal fonte de poder.

D) CONCLUSÕES

22. A recuperação da pessoa, da sociedade e do contratualismo – O Estado-dos-cidadãos

Concluo que a recuperação da pessoa – colectivizada pelo iluminismo francês e pelo pós-iluminismo "científico" – e da sua convivência com os outros através de instrumentos assentes no acordo de vontades – contratualismo – vem preencher um vazio no Estado-de--Direito, assente na vontade popular e na justiça. Vem dar sentido e conteúdo ao Estado-dos-cidadãos (e à democracia, enquanto governo do povo, pelo povo). O "velho" Estado fiscal deixava a pessoa entregue à vontade dos outros – dos poderosos – e conduzia, por vezes, a que os impostos fossem o caminho "homeopático" para a tirania.

Deve acentuar-se a ideia da "contribuição", mas não a de "imposto". Introduzindo os contribuintes em todas as fases da convenção e da aplicação das contribuições e da solução dos seus conflitos.

Prefiro a sociedade sem Estado da utopia (possível e talvez próxima) ao Estado sem sociedade das múltiplas experiências do século XX.

Conferência proferida em Toledo, Universidade de Castilla-La Mancha, em 17 de Março de 2005

A ARBITRAGEM EM DIREITO TRIBUTÁRIO*

1. A genelogia do imposto – A herança de Roma

Explicar algo é fazer a sua história, afirmou Nietzche. Conhece-se a data de nascimento do imposto, a sua cidade natal, a sua infância, a sua idade adulta, o seu estado civil. Nasceu no I século da nossa era, na Roma imperial; Octávio e Agripa, Cláudio e os Antoninos velaram o seu berço; Diocleciano e Constantino foram os companheiros da sua idade adulta. Depois de uma queda em desfavor numa Idade Média ávida de liberdade, renasceu, para gozar uma velhice despótica nos nossos dias.

O sistema de impostos nasceu e desenvolveu-se no exterior da "invenção" romana do Direito Civil.

As despesas públicas eram financiadas, na Roma republicana, pelas rendas do domínio público provenientes dos territórios pertencentes à *civitas*[1].

Com o principado, os impostos multiplicaram-se, nomeadamente com o "fiscus caesaris". Eram fundados sobre o poder "absoluto" do príncipe, o poder ilimitado e incontrolável que este tinha sobre cada um dos seus súbditos. Os impostos apresentavam-se, pois, como medidas substancial e eticamente injustificáveis – o que os distinguia nitidamente das obrigações civis. A obrigação fiscal tinha fonte no poder do príncipe sobre o súbdito; a obrigação civil nascia de um acordo entre cidadãos,

---

* Artigo escrito para o livro em homenagem ao Professor Doutor António Luciano Sousa Franco.

[1] Sobre os impostos em Roma vd. entre muitos outros, Ciccoti, "Lineamente dell'evoluzione tributaria del mondo antico" (1960, *Storia della finanzapublica*); Cullen, *The roman revenue system*, 1921; Ardant, *Histoire de l'impôt*, I (1971); G. Piéri, *Le Census*, 1965; E. Faure, *Etudi de la capitation de Dioclétien d'apés le Panégyrique*, 1961; F. Lot., *Nouvelles recherches sur l'impôt foncier et la capitation personnelle sous le Bas-Empire*, 1955.

entre iguais. A primeira era unilateral, decorrendo só de uma vontade injustificável; a obrigação civil dirigia-se, em princípio, ao equilíbrio das partes e a sua legitimidade decorria dos princípios da justiça que determinavam a "ordem" jurídica – proibição do dano; equilíbrio das prestações; interdição do enriquecimento sem causa, etc..

O imposto aparecia caracterizado pelas *odiositas*, fundado sobre a sua essência de mal necessário, de limitação do direito pela força, de instrumento de dominação, de império. Enquanto as relações civis retiravam a sua força da justiça que realizavam como instrumentos de cooperação entre homens livres e iguais.

Eis, pois, o legado de Roma em matéria fiscal: o imposto como produto e instrumento de opressão, crescendo à medida que se desenvolve a máquina politico-administrativa; assente na força pura, sem referência à justiça.

Concluo que herdamos de Roma o imposto, mas não o Direito dos impostos. Com efeito, não é a força que cria o Direito, mas este "justifica" a força que não é mais do que um instrumentos de acção do Direito. O Direito, sendo uma ordem de justiça, não pressupõe a força – embora dela necessite eventualmente na sua actuação.

2. A certeza e a segurança do Direito tributário em risco

Para além do valor justiça – ingrediente fundamental do Direito enquanto sistema normativo de interrelacionamento humano – também os valores certeza e segurança eram postos em causa por este estado de coisas.

A vontade desvinculada do soberano não só criava as normas como as aplicava, violando necessariamente a certeza e a segurança das relações jurídicas tributárias.

Assim, os séculos seguintes assistiram, com sorte diversa, à luta entre a justiça/certeza/segurança, por um lado, e as "necessidades" da coisa pública, por outro.

3. A manutenção das relações de dominação

A história subsequente do imposto continua a aparecer como a história das relações de dominação: do poder político e administrativo querendo aumentar a carga fiscal e dos contribuintes tentando restringi-la. O tributo mantém-se como uma "imposição dos governantes aos governados"[2].

A Idade Média, embora ansiando pelo reino de Deus, não se recusa a dar a César o que é de César. Mas como não reconhece poder desvinculado de valores, desligado da Justiça, olha o imposto com desconfiança. Na impossibilidade de vincular a sua criação a regras de justiça material, exige o seu controlo pelos representantes do povo. São as Cortes que o devem autorizar.

A Idade Moderna recuperou a criação de impostos para o poder absoluto do monarca, com consequências que são denunciadas por Montesquieu: "Não se deve ir retirar ao povo a possibilidade de satisfazer as suas necessidades. Os responsáveis do Estado sob o rei à frente da coisa pública, pensavam que as necessidades do Estado eram as necessidades das suas pequenas almas".

O liberalismo retomou a regra medieval da auto-tributação. Sendo o imposto uma limitação da liberdade dos cidadãos, deve ser aceite pelos seus destinatários, através dos seus representantes: deve ser votado pelo Parlamento. Isto significa que sob a capa da legalidade formal se escamoteia o problema de justificação axiológica do imposto. A fiscalidade é rapidamente absorvida pela ciência das finanças[3]. O "direito" fiscal aparece como um conjunto de meios técnicos dominados por leis económicas, ao serviço dos interesses conjunturais da política. O imposto teria a sua justificação na lei que o cria[4], e esta na liberdade desvinculada do legislador. As leis fiscais não se fundam em mais do que sobre a força que assegura o pagamento do imposto.

Ou seja: volta-se a Roma ... com o parlamento a garantir a conformidade do imposto à vontade do povo. Mas será que essa conformidade é efectiva? Parece que não. A ciência política tem demonstrado a falta de canais pelos quais a vontade popular possa desembocar na criação legislativa.

---

[2] Sacha Calmon Navarro Coelho, *Teoria geral do tributo r da exoneração tributária*, Editora Revista dos Tribunais, S. Paulo, 1982. p.87.

[3] Ainda recentemente o "direito" fiscal aparecia tratado nas obras dedicadas à ciência das Finanças. E hoje é comum o Direito Fiscal aparecer integrado, no ensino universitário, no grupo das ciências económico-financeiras.

[4] É este o entendimento que se encontra por detrás da afirmação de que o imposto se caracteriza pela sua origem "legal". Não se vai mais longe, indagando-se se essa lei é "Direito" por fundada na justiça. A forma da criação do imposto esgota o problema da justificação da sua criação.

4. O desmascarar dos governantes

A sociedade contemporânea é caracterizada por um elevado grau de monopolização – dos meios financeiros, policiais, judiciais, etc. Tal monopólio é contemporâneo da criação de um aparelho de dominação diferenciado, conhecendo no seu interior uma acentuada divisão do trabalho. O verdadeiro poder é detido por este aparelho administrativo. Os detentores de funções centrais neste aparelho adquirem um grande poder social, impõem-se aos "governantes" que são cada vez mais escolhidos entre eles. O afastamento entre *governantes* e *governados* acentua-se. Descobre-se que os governantes não são "eleitos", mas pessoas como todas as outras. E que o Estado não é uma ideia, uma vontade, um Leviathan, um Deus, mas um conjunto de pessoas com os seus interesses próprios, as suas oposições, o seu ineliminável carácter de estrangeiros em relação aos seus concidadãos.

Velhos mitos são postos em causa; desde logo, a "sacralização" dos governantes pelo seu carácter representativo. O povo exige uma participação directa nas decisões políticas – lembremos as sucessivas crises universitárias, as lutas pelo equilíbrio ecológico. E os governantes tentam adquirir uma nova legitimidade através da sua conformidade a sucessivos inquéritos à opinião pública, da audição sistemática das forças sociais, do recuo perante movimentos reivindicativos.

E em matéria de impostos? O aparelho político-administrativo, consciente de que é aqui que se encontra o fundamento do seu poder, cede em pormenores (baixa taxas, concede benefícios, etc.) mas mantém o essencial: aquilo que faz do imposto o instrumento de dominação dos governantes transformando os governados, de sujeito do poder, em seu objecto.

5. A humanização do imposto

Mas apostemos antes num futuro em que haja homem ... e imposto. Em que o *homo sapiens* decida continuar a sê-lo em virtude de uma súbita tomada de consciência. Terá de repensar o problema das relações entre o individual e o social, deixando de se ver, em termos de facto, como uma população animal reproduzindo-se indefinida e predatoriamente num espaço fechado, para se resolver continuamente como uma "questão" que ultrapassa o mero acaso.

Assim, o imposto não será o acto de uma autoridade estranha, para se tornar na assunção livre de um dever de solidariedade. O cidadão colaborará directamente na feitura do imposto; adequá-lo-á às suas necessidades; senti-lo-á como um *dever moral*. A Administração servirá; os tribunais dirão o direito criado previamente pelos seus destinatários. Já não se falará do "homem fiscal", mas de "imposto humano".

Seguindo outra via, qualquer reforma fiscal será mera reabilitação de um sistema de "dominação" – e logo se deverá começar a pensar na seguinte, pois a anterior nada mais terá sido, parafraseando Montesquieu, do que a medida da pequena alma do legislador. E continuaríamos num "impasse" fiscal.

6. A arbitragem como ingrediente da "humanização" do Direito fiscal. A certeza e a segurança

O interrelacionamento justo entre o cidadão e o Estado a nível dos impostos, com a assunção "livre" e espontânea por aquele das suas obrigações fiscais – como princípio e ponto de partida – passa pela assunção livre da regulação de conflitos entre credor e devedor. Passa, por outras palavras, pela faculdade de recorrer à arbitragem. Com todas as vantagens que esta acarreta no que se refere à certeza e segurança do Direito.

Nomeadamente: escolha dos juízes pelas partes de entre os mais conhecedores daquela matéria; acrescido rigor e profundidade das decisões; mais cuidadosa "personalização" da decisão, em termos de mais aprofundada ponderação da matéria de facto e de Direito, sem atender a jurisprudências deformantes do caso concreto; maior previsibilidade da decisão – daí renúncia a pretensões inviáveis; etc.

7. Os obstáculos à arbitragem em Direito Fiscal

A introdução da arbitragem em Direito Fiscal tem deparado em Portugal, como na generalidade dos Estados, com dois obstáculos fundamentais: o monopólio da administração da justiça pelo Estado através de juízes togados; o acentuado autoritarismo, "imperium", do Estado em matéria de Direito Tributário.

Para entendermos estes obstáculos, desmontando-os peça por peça, há que fazer a sua genealogia. A genealogia das relações de poder entre o Estado e a sociedade que lhes estão subjacentes.

Comecemos pelo monopólio da justiça por juízes togados.

8. O monopólio da administração da justiça por juízes togados

Em Portugal, até ao século XVI, a administração da justiça era levada a cabo por uma rede difusa de pessoas, de organizações sociais, de centros de interesses.

Antes de mais, pelo ofendido e pela sua família que procediam normalmente a uma composição de interesses com o ofensor e a sua família. Mesmo nos casos mais graves, como crimes de sangue, em que nos primeiros tempos a reacção pertencia à família do ofendido, podendo o ofensor e a sua família "restaurarem o equilíbrio" através do pagamento de um certo "preço de sangue".

A seguir, pela comunidade em que os interessados se inseriam. Ou através de mecanismos difusos e automáticos de sanção, como a rejeição social, a expulsão da comunidade, a censura pública. Ou por acção da igreja, através de sanções espirituais e algumas vezes de carácter material.

Noutras situações reuniam-se os homens bons da terra, as pessoas mais prestigiosas que resolviam o conflito dizendo os direitos de cada um.

Surgindo só em último recurso a figura do juiz, normalmente pessoa de prestígio na região, que era chamada a dirimir os conflitos mais graves ou insolúveis de outro modo. Mas tratava-se sempre de um juiz "social", tirado da sociedade, embora naturalmente dotado de uma certa relação privilegiada com o poder público, nomeadamente com aquele a quem assistia fazer cumprir as suas decisões.

A sociedade civil ia resolvendo a maior parte dos seus problemas, restando não muitos para serem decididos pelo poder público, fosse rei ou os grandes senhores.

Foi, como é sabido, com os alvores do Renascimento que o Rei se revestiu do "imperium", do poder absoluto, injustificado ou injustificável, do "princeps" romano. No Renascimento o poder era dotado de uma justificação divina, a exemplo do que acontecia já com o imperador romano ou bizantino dos últimos tempos do Império.

A vontade do rei, supostamente assente numa legitimação divina, transformou-se no único elemento coordenador e disciplinador da sociedade. Vontade expressa através da lei. A lei foi retirando o lugar aos costumes locais, constituindo instrumento ordenador e uniformizador da sociedade, do reconhecimento de valores e de disciplina comuns.

A exemplo dos novos exércitos profissionais e permanentes organizados pelo poder absoluto, como instrumento da sua vontade e do exclusivo da violência legítima, também a sociedade começou a ser uniformizada e disciplinada.

Lembremos que é neste momento, fins do século XV começos do século XVI, que se produz uniformização religiosa da sociedade portuguesa através da vontade do rei, com a conversão ou expulsão dos muçulmanos e dos judeus.

Mas não bastava criar uma lei uniforme. Era necessário que esta lei fosse entendida e aplicada uniformemente. O que não parecia possível, dada a diversidade das religiões, dos hábitos, dos costumes, das próprias pessoas que a iam aplicar, não tendo necessariamente uma formação comum que lhes permitisse aplicar uniformemente essa lei.

A composição social, difusa, dos conflitos passou a ser substituída por uma composição autoritária, centralizada desses mesmos conflitos.

Os juízes de cada terra foram substituídos por "juízes de fora", indivíduos nomeados pelo Rei, frequentemente dotados de uma formação jurídica adquirida em uma mesma Universidade, no caso a Universidade de Coimbra.

Assim, para além da lei ser produzida centralmente, também era aplicada pelo poder central através de juízes dotados de uma formação idêntica e portanto, em princípio, idêntica capacidade para a aplicar uniformemente.

E começaram a ser criados tribunais centrais sob a égide do monarca, constituídos por juristas profissionais dotados de uma formação uniforme.

Esta tendência só veio a crescer ao longo dos séculos com a acentuação do poder real. E veio a afirmar-se decididamente a seguir ao Iluminismo.

Ao ser humano cristão e medieval, livre, autónomo na sua relação com o seu Criador, estirado entre os pólos opostos do bem e do mal pelos quais podia escolher, o Iluminismo substituiu outro ser humano. Partícula da matéria do cosmos, regido por leis uniformes assentes na matemática, explicável nos seus comportamentos e nos seus fins de grupo, por leis da natureza semelhantes às que regulavam outro qualquer conjunto material ou animal.

Aqui se encontram as provas, a justificação e a necessidade da lei. A lei tendia a deixar de ser uma norma ética, aparecendo como reflexo da necessidade do comportamento humano, resultante da natureza humana que era meramente material.

Em consequência também que se tivesse passado a entender, sem grandes dificuldades, a aplicação da lei como um mero automatismo, mera subsunção do caso no quadro legal, levado a cabo por técnicos semelhantes aos técnicos das ciências da natureza. Chegamos à física social de Comte ao materialismo histórico de Marx e ao positivismo de Durkheim. Os grandes exegetas franceses do século não ensinavam o Direito civil mas o Código de Napoleão. E os juízes limitavam-se a aplicar, indiscutidamente, normas cujo sentido parecia textualmente evidente.

A seguir aos reis absolutos do Iluminismo, o parlamento, enquanto representante do povo que nunca se engana, passou a dizer a lei de ciência certa e os juízes passaram a aplicar um texto indiscutido e indiscutível.

Lembro que até há não muitos anos, em Portugal como na generalidade dos Estados europeus, era impensável discutir ou pôr em causa uma sentença judicial, a não ser através do recurso para outros juízes também em si mesmos dotados de ciência certa.

Este movimento veio a permitir, em Estados mais centralizados como a França, um poder imenso da jurisprudência na criação do Direito, aparentemente segundo a lei, mas na realidade muitas vezes para além da lei ou contra a lei. E uma subordinação das outras fontes do Direito, como por exemplo a doutrina que se limita muitas vezes a reproduzir e a sistematizar o Direito criado pela jurisprudência.

Monopólio inquestionado e "inquestionável" do Estado na criação da lei e na sua aplicação.

9. O autoritarismo do Estado em matéria de impostos

Passemos agora às raízes do particular autoritarismo do Estado em matéria de impostos.

Nas raízes próximas dos nossos impostos estão os impostos romanos cobrados pelo fisco de César, como referimos.

A *Arbitragem em Direito Tributário*

Foi este poder absoluto de criar impostos recebido pelos novos (e também absolutos) parlamentos do liberalismo. A justificação da criação dos impostos agora era diferente: assentava numa pressuposta vontade popular veiculada pelos representantes do povo, pelos parlamentos. Mas o lançamento e cobrança de impostos continuava a ser um dos principais instrumentos de poder, de satisfação dos objectivos e dos interesses dos governantes.

E assistimos desde o início do século XIX a um crescimento contínuo da carga fiscal para satisfazer a futilidade e a vanglória dos governantes.

Cobrar receitas e realizar despesas sempre tinha sido o principal privilégio dos governantes. E o iluminismo liberal não o abandonou, de modo algum.

10. O culminar do poder do Estado e o desmontar do Estado

Juntemos agora dois fenómenos que temos vindo a descrever sumariamente, e centremo-nos no século XX.

A primeira metade do século XX conheceu a vitória do pós-iluminismo centralizador e uniformizador: nacional-socialismo, fascismo, comunismo, etc.

A segunda metade é a do começo do desencanto.

O mundo arruinado começou a descobrir o ser humano atrás do grupo, do partido, do Estado, da raça, etc.

Movimento que já encontra as suas raízes próximas (não estou a falar longínquas raízes medievais e cristãs) na concepção do Universo das ciências quânticas. Em que se restitui a liberdade ao muito pequeno, também ao ser humano, livre e muitas vezes incompreensível, fazendo-se desaparecer, a não ser como boa aproximação da realidade, as leis da causalidade, as leis naturais, as leis do grupo.

Portanto, por detrás do Estado aparece o cidadão; o Estado passa a "sermos nós"; por detrás de cada decisão desaparece a lei geral e abstracta, para surgir um caso concreto com personagens concretas e necessidades específicas. O juiz deixa de ser um mero aplicador de uma vontade abstracta, para se transformar naquele que resolve conflitos concretos, individualizáveis. O juiz deixa de dizer o Direito, para passar a criar o direito do caso concreto.

Nesta medida o juiz concreto aparece como uma personagem do jogo do poder, como alguém dotado de autoridade própria que se questiona, que se pergunta, cujos fundamentos são discutidos.

Tal como são discutidos os fundamentos do Estado e do Direito e se faz uma revisão cada vez mais profunda das relações entre o indivíduo, a sociedade e o Estado.

Nesta sequência, as concepções do Estado, do Direito administrativo e do Direito público em geral têm vindo a alterar-se. Mas estas alterações têm sido muito mais lentas no Direito tributário.

Porque razão precisamente em Direito tributário? Porque se trata do Direito que regula a arrecadação dos impostos que são o principal instrumento político dos dirigentes de todos os Estados.

Nos Estados-de-Direito democráticos o poder das classes dirigentes tem vindo a diminuir. É cada vez mais difícil fugir ao império da lei, procedendo a prisões arbitrárias, declarando guerras sem justificação (ou mesmo com justificação), criando leis que satisfaçam só os interesses do grupo dirigente, etc. Que fica? Sobretudo a capacidade de cobrar receitas e de as utilizar.

O Direito tributário continua a ser o principal instrumento de poder e de realização dos interesses do grupo dirigente.

Contudo, algo se tem alterado também nesta matéria.

Tem-se vindo a pôr em causa a própria base dogmática do Direito administrativo que é o acto administrativo, enquanto acto de autoridade da Administração pública destinado a impor obrigações aos cidadãos. Assim, também a actividade administrativa em Direito tributário é vista cada vez menos como uma actividade constitutiva de direitos e de obrigações, mas como uma actividade meramente de aplicação da lei, declarativa dos direitos e obrigações que a lei criou. Existindo uma intermediação cada vez menor entre a decisão concreta e a norma legal.

Depois, a afirmação do Estado de Direito como Estado-dos-cidadãos participantes na própria actividade administrativa e nas decisões aqui tomadas, tem vindo a reflectir-se em Direito tributário. Lembremos as experiências, embora tímidas, na Lei Geral Tributária portuguesa, de audição prévia do contribuinte em relação a decisões da administração que lhe digam respeito; a transparência da actividade administrativa perante o contribuinte; e promoção de um acordo entre o contribuinte e a administração no caso de haver um grande espaço entre as normas e a decisão concreta, como seja na fixação da matéria colectável por métodos indirectos.

Tende a desaparecer a ideia do acto tributário, as relações entre a Administração e o contribuinte estabelecendo-se entre duas partes paritárias e independentes.

Assim, no próprio processo tributário, e embora na prática ainda se esteja longe, veio afirmar-se na Lei Geral Tributária o princípio da igualdade das armas.

Os cidadãos através das suas organizações próprias, da sua rede de interesses, tanto a nível pessoal como a nível empresarial, estão cada vez mais atentos à actividade do Estado, pondo limites, definindo critérios, exigindo que ela esteja efectivamente ao serviço dos interesses da sociedade e não ao serviço do Estado enquanto entidade oposta à sociedade.

Este fenómeno é cada vez mais evidente em Portugal.

11. A arbitragem em Direito fiscal

A função judicial – que eu muito profundamente respeito e admiro, também por ser filho, neto e bisneto de magistrados – tem vindo a sofrer com o desencanto generalizado perante o Estado e perante o monopólio que o Estado se arroga do poder de administrar a justiça. Assim, a Constituição portuguesa já prevê meios alternativos de resolução de conflitos para além dos tribunais.

Acaba de ser introduzida a arbitragem para resolução de conflitos no âmbito de Direito Administrativo.

Porque não no âmbito tributário?

A sociedade civil, libertando-se progressivamente do poder do Estado, tem vindo a entender que, tendo legitimidade para criar as suas próprias relações intersubjectivas, para criar o seu próprio Direito para além do Direito legislado, também deve ter legitimidade para resolver os seus próprios conflitos. Quem celebra um contrato deve resolver os conflitos inerentes.

Esta pressão tem sido cada vez maior à medida que o afrouxar do tecido social, o aumento da conflitualidade, o crescimento da densidade técnica dos problemas e a incapacidade do sistema judicial para lhes responder têm vindo a pôr a nu as insuficiências deste (que não são insuficiências da generalidade dos juízes).

Também em Direito fiscal a sociedade civil pretende afirmar-se, não como sujeito ao poder politico em termos de impostos, mas sim como dialogando consigo mesma em termos de contribuições. Definindo as necessidades públicas e garantindo a sua satisfação para além da actividade formal da Assembleia da República. Tem-no feito através dos seus organismos representativos, do próprio jogo dos partidos políticos, etc. Portanto, a arbitragem em Direito tributário está próxima, embora continue a defrontar com a relutância da classe dirigente em abandonar os últimos instrumentos de controlo da sua principal fonte de poder.

Lisboa, 23 de Junho de 2004

A RAZÃO DESCENTRALIZADORA E DESUNIFORMIZADORA E OS IMPOSTOS: A REGIONALIZAÇÃO*

1 – As economias regionais destacam-se cada vez mais no âmbito da União Europeia. Salientarei, entre elas, as economias da região da Madeira e da região dos Açores. Vou tratar delas na perspectiva da regionalização dos impostos.

2 – Não é possível falar hoje, no âmbito da União Europeia, da economia da Madeira e dos Açores como se poderia falar delas há cinquenta ou sessenta anos, nos quadros de um Estado português com soberania completa e "unicamente" situado num continente chamado Europa.

3 – Desde o século XVI até à segunda metade do século XX, verificou-se um processo de incorporação, centralização e uniformização, das diversas sociedades europeias através do Estado. Na segunda metade do século XX, e hoje no âmbito da União Europeia, damo-nos conta do regresso à descentralização, à desuniformização, ao acentuar daquilo que nos diferencia – embora nos complete e nos complemente a nível europeu.

4 – Os fins do século XVIII e do século XIX conheceram o culminar de uma longa evolução iniciada no século XVI com a constituição dos grandes Estados nacionais, dominados por uma razão centralizadora e uniformizadora típica do iluminismo francês. Esta evolução, a nível da vontade de poder de alguns príncipes, tinha-se iniciado já no começo do segundo milénio. Com o domínio, em França, do rei da "Île de France";

---

* Texto destinado ao livro de homenagem ao Professor Doutor Jorge Tracana de Carvalho.

O Sistema Tributário no Estado dos Cidadãos

com a preponderância de algumas regiões do Império germânico, como a Baviera, a Boémia ou a Áustria; com o equilíbrio instável dos centros de poder na Itália; com o crescimento do poder de Castela na Península Ibérica; com o domínio em Portugal, do Norte sobre o Sul, do litoral sobre o interior e de Lisboa sobre o resto do país.

5 – O último quartel do século XV e século XVI foram contemporâneos de fenómenos decisivos para os tempos de hoje: o renascimento da cultura clássica com a recepção (o culminar da recepção) do Direito romano, nomeadamente das concepções "absolutistas" do poder público; o reforço do poder dos príncipes com a criação do primeiro aparelho de Estado, centralizador e uniformizador, a exemplo dos hierarquizados exércitos profissionais.

Em Portugal, lembremos a "definitiva" supremacia do rei sobre a grande nobreza no tempo de D. João II; a substituição dos juízes locais por juízes nomeados pelo Rei e seus representantes; a progressiva ocupação das funções públicas, nomeadamente a nível do governo local, por representantes do soberano.

Ao mesmo tempo que, no campo do Direito, e sobretudo na segunda metade do século XVIII, se substituíam progressivamente os usos e costumes locais por leis emanadas da vontade do Rei, aplicáveis nos mesmos termos a todo o território nacional.

6 – Os séculos XVII e XVIII vieram trazer um renovado instrumento de centralização e de uniformização, com a razão iluminada dos príncipes absolutos e com o reforço dos Estados nacionais que se uniformizavam internamente para se poder opor aos vizinhos.

7 – Os fins do século XVIII e o começo do século XIX – conforme os países – são contemporâneos de mais factos decisivos: por um lado, a substituição do poder absoluto dos príncipes "pelo poder absoluto" dos parlamentos. Cuja forma de manifestar a vontade era a lei, expressão de vontade geral e abstracta, uniformizando a sociedade e os seus comportamentos. Depois, pela racionalização e uniformização da actividade económica através – e é característico o caso da Inglaterra – da constituição de grandes propriedades agrícolas, com métodos mais eficazes de produção, mais científicos e mais uniformes; pela organização da fábrica enquanto disciplina e racionalização do trabalho; pelo esquadriado do espaço urbano, e portanto da sociedade urbana, através de

A Razão Descentralizadora e Desuniformizadora e os Impostos 91

cidades racionalizadas, planeadas e organizadas. (Lisboa do Marquês de Pombal; Paris de Hausmann; etc.)

8 – Por fenómenos de imitação e de imposição as regiões continuaram a uniformizar-se dentro de cada Estado. E mais do que isso, os Estados, dentro de grandes grupos de afinidades, começaram a assemelhar-se uns dos outros, pelo menos no plano técnico e organizativo.

Daqui, e consequentemente, a diminuição, quase o desaparecimento, das autonomias regionais, dos pequenos "países" dentro de cada grande Estado nacional.

O século XIX só terminou com o grande choque consertado e organizado entre Estados nacionais que foi a primeira grande guerra mundial (1914-1918).

9 – O século XX assistiu ao paroxismo da dominação e centralização através dos Estados totalitários, fascistas, comunistas e outros que reduziam o indivíduo à colectividade e impunham a esta uma identidade e um comportamento uniformes.

10 – A destruição da maior parte dos totalitarismos – ou, pelo menos, da sua base ideológica – na segunda metade do século XX, é contemporânea da descoberta da pessoa e da região. Da pessoa, cada vez mais libertada da opressão do Estado; da região, autónoma, diferente, complementar e igual ao todo, libertada da razão centralizadora e uniformizadora do Estado iluminista nacional.

11 – Julgo que podemos, na Europa, voltar a um período de diversificação dentro de uma grande comunidade europeia que só foi contrariada, repito, pelos Estados nacionais. É o que está a acontecer em Espanha, na Itália, na Inglaterra e de um modo geral em todos os países, com o ressurgir da diversidade – desejavelmente solidária e fraterna – das línguas, de usos e costumes, de religiões, de projectos de futuro. Dentro destes projectos, o projecto económico que é diferente, necessariamente, no Norte e no Sul da Itália, na Escócia e em Birmingham, em Lille e na Provença, na região do Ruhr ou em Dresden; na Boémia e na Eslováquia. Julgo, assim, que o futuro está claramente a favor do "small is beautifull" no âmbito de uma grande Europa em que haverá regiões que invocam as suas diferenças culturais, económicas, etc., para constituírem motores de si mesmas e do conjunto.

12 – Como sinais dessa autonomia e como motores dos desenvolvimentos económico e social próprios, estão os impostos.

De um modo geral por toda a União Europeia, regiões, "länder", Estados, autonomias, mesmo municípios, acentuam a sua autonomia financeira a nível das receitas. Criando ou conformando impostos e taxas e administrando os que lhe são atribuídos.

A "velha" razão uniformizadora e centralizadora, descentraliza, descobre diferenças, adapta, desuniformiza.

A razão é descentralizadora e desuniformizadora, tal como a melhor hermenêutica jurídica já descobrira o diálogo constante entre a norma geral e abstracta e o caso concreto, adaptando aquela a este. Sendo a justiça (e a eficácia) a que melhor convier ao caso.

AS GARANTIAS DOS CONTRIBUINTES:
A TERCEIRA GERAÇÃO*

(Ao Professor Doutor Rui Morais)

1. Colocação do problema

Vou tratar de garantias dos contribuintes, as garantias de terceira geração.

O que são garantias dos contribuintes de terceira geração?

Sou também professor de Teoria geral do direito civil onde se estudam o Direito das pessoas e os "direitos" da personalidade. Falo aos meus estudantes dos direitos da pessoa de terceira geração. Escrevi um artigo sobre este tema, na óptica dos direitos fundamentais.(in Ives Gândara da Silva Martins e Diogo Leite de Campos, Direito contemporâneo luso-brasileiro, Paulo Mota Pinto e Diogo Leite de Campos, "Direitos fundamentais de terceira geração", Almedina, Coimbra, 2004 e Editora Saraiva, S. Paulo, 2004).

Os direitos da pessoa de primeira geração eram os direitos individuais, direitos contra o Estado e contra os outros, o direito à privacidade, o direito à integridade física, etc.

Eram esferas de autonomia dos indivíduos perante o Estado e perante os outros (ob. cit., pág. 547), direitos de exclusão de outrem da esfera do titular. Visando salvaguardar o ser humano na sua integridade e na sua dignidade (ob. cit., pág. 548).

Aqui se inclui o direito de propriedade e aos frutos desta, o direito à segurança como resultado de uma certa ordem jurídico – social (justa e segura). Também o direito a trabalhar e a recolher os rendimentos do trabalho, direito que compreende o de escolher o trabalho.

---

* Resumo do registo oral de aulas ao Curso de pós-graduação sobre Direito e práticas tributárias da Universidade Católica Portuguesa (Porto) em Janeiro de 2006.

94   *O Sistema Tributário no Estado dos Cidadãos*

Também se encontram aqui direitos como os direitos ou liberdades "inerentes à natural actividade social do indivíduo" (ob. cit., pág. 548), direitos de participação na vida política e na vida social. Embora mais na vertente de exclusão da interferência dos outros do que na perspectiva da prestação (ob. cit., págs. 548, 549).

Depois surgiram outros "direitos", também entendidos como direitos da pessoa: direito a exigir uma prestação da sociedade, como o direito à habitação, o direito à educação, etc.

Impõem ao Estado obrigações de comportamento para proteger os bens jurídicos respectivos, para promover as condições jurídicas e materiais da sua realização (ob. cit., pág. 549).

E, hoje, os direitos da pessoa de terceira geração são direitos de participação.

Mais precisamente, "direitos de solidariedade e de fraternidade" (ob. cit., pág. 551). Redescobrindo-se que o ser humano não é uma ilha, vem aprofundar-se a relação entre ele e a sociedade em termos da necessária solidariedade. Em que o _eu_, sem deixar de o ser, se transforma em _nós_, que reenvia ao _eu_. "Descobrindo-se" direitos de protecção (inter-relação) de grupos, como a família, as mulheres, os velhos, o direito à segurança colectiva, a um meio ambiente são, à qualidade de vida, etc. Acentuando-se a participação dos cidadãos na vida pública e administrativa, em termos de assunção por aqueles do Estado transformado em Estado-dos-cidadãos, logo dos-direitos (ou das liberdades, em outra perspectiva).

São direitos de participação na actividade do Estado, na actividade política e administrativa.

São os direitos típicos do Estado-de-direito-democrático-dos-cidadãos. Em que o Estado é participado, definido e controlado directamente pelos cidadãos.

Pareceu-me poder esquematizar também uma evolução em três "gerações" para os direitos e as garantias dos contribuintes. É pertinente, ao tratarmos de uma evolução das garantias dos contribuintes, dividi-las em três fases: primeira, segunda, terceira geração, e depois corrermos os nossos textos legais e constitucionais, Lei Geral Tributária sobretudo, para ver onde encontramos e de que maneira encontramos, essas garantias dos contribuintes, as três gerações. Num percurso sempre novo e sempre inacabado na sua natural descoberta constante da pessoa e da sociedade. Sempre com a consciência de que as três gerações coexistem "sob um mesmo tecto". Não há qualquer substituição de uma geração, ou de parte desta, pela seguinte. Todas são necessárias para a "jurisdicização" dos impostos. Novos direitos acrescentam-se aos anteriores em resultado da descoberta da pessoa e da justiça e como ponto de partida para maior aprofundamento da pessoa e da justiça.

2. Garantias dos contribuintes

Primeiro, direi o que entendo por garantias dos contribuintes.

Sabemos que o Direito dos impostos é o Direito dos ... "impostos". Quer dizer, "impõe" punções no rendimento, na despesa, no património das pessoas sem dar directamente nada em troca.

Para a nossa vida civil, de cidadãos, isto é estranho, uma aberração, um absurdo. É uma violência; e já para os romanos o era. Os romanos inventaram o Direito civil como o Direito de igualdade e equilíbrio entre as pessoas livres, o Direito do contrato, o Direito da negociação, em que se dava e se recebia alguma coisa em troca; havia um correspectivo, um equivalente, um equilíbrio material e de vontades. Mas nunca compreenderam, ou aceitaram de boa mente, como era possível que alguém, a República, o Imperador, viesse exigir alguma coisa sem dar nada em troca. Para os romanos isto era uma violência, era odioso por ser de-sigual. A partir de certo momento existiu, era necessário, mas era odioso. Daí o carácter de "odiosidade do fisco" que recebemos dos romanos.

Saltando sobre a Idade Média, vamos ver como se pôs o problema na primeira geração de garantias dos contribuintes. Digamos, a partir das constituições políticas de fins do século XVIII e do século XIX.

O problema era o seguinte: como vamos conseguir que estes "impostos", estas prestações unilaterais, sejam justos? No sentido de cada um só pagar aquilo que deve, a carga ser adequada e ser devidamente repartida.

Como transformar a "fiscalidade" em Direito? Como criar um Direito fiscal assente na Justiça? Como construir um verdadeiro "Direito" fiscal baseado na igualdade? Como fazer do Direito fiscal um "Direito-como-os-outros"?...

Farei um percurso pelas fases de construção do "Direito" fiscal (justiça e segurança) que me levarão a concluir que o "Direito" fiscal terá de passar por uma reconstrução: a afirmação da pessoa e dos seus direitos, como anteriores e condicionantes dos impostos; elaboração da obrigação tributária nos quadros da obrigação do Direito civil, inserindo nela o procedimento administrativo.

I – A PRIMEIRA GERAÇÃO

3. A resposta política: a atuto-tributação

A primeira resposta, a primeira geração de garantias dos contribuintes, foi uma resposta política. Assente nas próprias ideias base do liberalismo constitucionalista que tinha as suas raízes no iluminismo francês do século XVIII.

Para os iluministas franceses do século XVIII, as sociedades formavam-se através de um contrato: o chamado contrato social. Até aí havia um Estado de anarquia (natureza) onde cada um não conhecia vínculos; as pessoas eram uma multidão oposta, em estado de conflito. Para as pessoas poderem viverem em comum, o que é necessário à natureza humana, contrataram regras de convivência – o Estado e o Direito.

Neste momento, os cidadãos cederam parte do seu poder, dos seus direitos, das suas regalias, ao conjunto, à sociedade e aos seus órgãos. As pessoas faziam-se representar por órgãos eleitos, sobretudo pelo Parlamento. O Parlamento era, e ainda é hoje, a sede da legitimidade democrática; a principal manifestação ou produto do contrato social. Os cidadãos, como não podem exercer uma democracia directa, exercem uma democracia indirecta nomeando os seus representantes para os governarem, exprimindo a vontade dos eleitores.

Assim, os parlamentos representam a vontade do povo, tal como se fosse o povo a querer, a votar, a actuar. E manifestam a sua vontade de que maneira? Através da lei. A lei é a manifestação da vontade do povo. O povo está a dizer os impostos que quer pagar, como e em que termos os quer pagar.

Portanto, os impostos serão necessariamente justos, na medida em que são os impostos que as pessoas querem pagar.

Que melhor sentimento de justiça pode o cidadão exprimir do que dizer: estou a pagar o que quero, criei os impostos através dos meus representantes. Portanto, resolvia-se o problema da justiça dos impostos. Os impostos eram justos, eram aceites, eram efectivos porque era o povo que os votava através dos seus legítimos representantes que exprimiam a sua vontade.

Haveria um Direito fiscal "como-os-outros".

4. Negação das garantias efectivas

Mas tinha que se pôr a hipótese de que quem aplicava as leis de impostos, as ia aplicar mal.

A Administração tributária poderia aplicar mal as leis de impostos. Achava-se estranho que pudesse ser assim porque para as concepções do século XIX (e para concepções e práticas dominantes durante largas décadas do séc. XX) a lei era significativa, os textos legais diziam o que era necessário para a sua segura aplicação: bastava lê-los para neles se subsumir, de uma maneira quase automática, os casos concretos. Portanto, era estranho que se pudesse aplicar mal a lei. Bastava "obedecer--lhe", em termos de o administrador ser um mero "autómato" da lei (Max Weber). Se há um imposto sobre o rendimento, basta a própria norma para se saber o que é o rendimento, qual é a taxa, quais são os benefícios fiscais, etc.

A Administração limitava-se a executar as leis: o povo exprimia a sua vontade através do Parlamento e a Administração fiscal aplicava essa vontade. Todo o Direito fiscal estaria nas leis fiscais, em termos de sistema auto-suficiente. Consistindo a tarefa do jurista numa mera exegese, na análise gramatical de um texto. Seria excepcional que houvesse aqui desfasamentos. Mas, e se estes existissem? Então o contribuinte pedia, suplicava à Administração que revisse o seu acto. Muito "respeitosamente e muito humildemente" pedia "a graça" da revisão do acto.

Foram estes os procedimentos e a mentalidade que encontrei quando iniciei, nos anos sessenta, a minha vida de advogado. Ainda deparamos hoje em requerimentos dirigidos à Administração, o contribuinte, "muito respeitosamente", vir "pedir", "solicitar", etc.

É a isto que ainda se vai chamando "reclamação graciosa"; porque se está pedir a "graça" à Administração de rever o seu acto; se quiser e como quiser. Se confirmava, o cidadão não podia fazer mais nada. Recorrer a tribunais, não.

Tal violaria o princípio da separação dos poderes. Os tribunais não eram competentes para regular ou controlar o Governo ou a Administração. Os tribunais eram competentes para dirimir os conflitos entre particulares. Não podiam dar ordens ao poder executivo, mas só aos cidadãos.

Mesmo quando havia órgãos (semi – judiciais) destinados a dirimir litígios administrativos ou tributários, eram órgãos da Administração pública. Em França, o supremo tribunal administrativo hoje ainda se

98 *O Sistema Tributário no Estado dos Cidadãos*

chama Conselho de Estado. Era um conselho composto por altos funcionários públicos para verificar se a Administração estava a funcionar bem. Era a Administração ao mais alto nível que se controlava a si mesma.

5. Desenvolvimento da garantia política: auto-tributação; legalidade; tipicidade; proibição da retroactividade

Numa primeira geração, portanto, só encontramos a garantia política de auto-tributação. Desenvolvida e aprofundada, primeiro através dos princípios da tipicidade dos impostos e da tipicidade fechada; depois através de regras sobre a aplicação das leis no tempo, no espaço, etc. Bastante mais tarde, proibiu-se a retroactividade (mas com reservas).

De início, bastava assegurar a conformidade "formal" da lei à vontade do povo ("autotributação") e a aplicação "formal" da lei conforme à sua letra, sem intermediação da Administração ou de outro intérprete (tipicidade e tipicidade fechada dos impostos).

Regressemos ao discurso tradicional.

Os impostos eram alegadamente justos por consentidos pelos cidadãos.

Supunha-se que o intérprete, qualquer intérprete, perante um texto só veria nele um sentido e assim o aplicaria sem necessidade de recorrer a elementos estranhos à vontade do legislador – vontade que, aliás, se poderia reconstituir pelos trabalhos preparatórios da lei. Enquadramento automático do caso no quadro legal. Assim se obtinha a certeza do Direito.

6. Previsibilidade / Estabilidade?

Numa fase muito mais tardia, hoje ainda só esboçada em Portugal, visa-se um objectivo de estabilidade/previsibilidade.

Começa-se com a proibição da retroactividade – pelo menos da retroactividade mais violenta, de "primeiro grau", implicando a aplicação da lei a factos verificados e esgotados à sombra da lei antiga. Mas continua-se sempre a tentar só preservar a vontade "actual", com referência aos factos, do legislador.

Há decénios noutros Estados, de há muito pouco em Portugal, tem-se tentado coadunar o "ritmo" da lei, o período da sua aplicação, com o

As Garantias dos Contribuintes: a Terceira Geração   99

ritmo dos destinatários, com o prazo das suas actividades iniciadas ou desenvolvidas com base na lei fiscal. Assim, criado um benefício fiscal para a instalação de indústria transformadora em certa área, esse não poderá ser revogado antes de os investidores terem obtido o resultado que esperavam do investimento. Surge aqui a ideia de contrato: o Estado propõe um contrato de adesão que, uma vez subscrito, não pode ser rescindido sem boa fé. Assim, as leis que prevêem benefícios, ou têm um carácter claramente de contrato entre o Estado e um particular (vindo a lei aprovar esse contrato), ou traduzem-se em propostas contratuais de adesão abertas a quem preencher as suas condições (estatuto das empresas no Centro Internacional de Negócios da Madeira, por ex.).

O ritmo da actividade empresarial e das economias familiares não se compadece com alterações bruscas e inesperadas da lei (tão frequentes em Portugal). Tem de haver um espaço considerável, embora eventualmente dependente dos casos, entre o conhecimento da lei e sua aplicação. Não um simples período para ela ser estudada e compreendida ("vacatio legis").

Mas um prazo suficiente para que as empresas e as famílias possam adaptar a sua actividade aos novos constrangimentos.

Assim, Estados há em que uma lei fiscal não pode entrar em vigor no ano em que é publicada, por ex.; ou em que se prevêem longos períodos de "vacatio legis".

Mas eis que intervêm aqui as "urgentes" necessidades financeiras do Estado ou a conveniência de evitar "fraudes" ou "prevenções" fiscais por parte dos particulares...

II – A SEGUNDA GERAÇÃO

7. O desmascarar do Estado e da autotributação: as novas garantias

Aquele Estado idílico não se mantém, nem nos discursos políticos mais interessados. Pouco a pouco, foi-se verificando, a nível da ciência política, da sociologia, da própria prática que o Estado não é aquele órgão ao serviço do bem público, manifestando a vontade popular, reflectindo os interesses da colectividade, não é porta-voz dos interesses do

100   *O Sistema Tributário no Estado dos Cidadãos*

povo, não sendo o Parlamente também porta-voz dos eleitores. O Parlamento é porta-voz dos interesses que lá estão sedeados. Mesmo dentro de cada partido, de cada organização, há tendências, forças, interesses contraditórios. Portanto, perguntamos: quem nos guarda dos nossos guardas? Quem vigia os nossos porta-voz? Cada vez menos os cidadãos se sentem representados pelos seus parlamentos. Este fenómeno varia de país para país.

Mas há um fenómeno real, pelo menos na segunda metade do século XX e hoje cada vez mais acentuado, no sentido do desencanto pelo Estado e de que os parlamentos não são porta-voz dos eleitores. Representam outros interesses. Dest'arte, foi preciso completar o princípio político com um conteúdo garantístico. O princípio político não chega para assegurar que os impostos sejam justos, que aceitemos os impostos. Não chega para obter justiça, igualdade.

E então, nas constituições da segunda metade do século XX, a matéria de impostos deixou de ser uma matéria política, deixada simplesmente ao princípio da representação popular, etc., para passar a pretender ter dois objectos: controlo da actividade administrativa, justiça material / segurança procedimental.

8. Justiça / Segurança procedimental; controlo. O problema

A primeira "vontade" comum (contribuintes, advogados, professores, mais tarde tribunais) foi a de obter um conteúdo de segurança procedimental. A segunda geração de garantias terá começado (não se pode estabelecer datas) pouco depois da Segunda Guerra Mundial, e ainda hoje está a avançar.

Assistimos à convivência necessária de duas ou três gerações das garantias dos contribuintes. A primeira, política; a segunda que tenta introduzir, além do mais, critérios de justiça material e segurança procedimental; e a terceira que tenta acolher os princípios e os interesses que estão base do princípio da autotributação, introduzindo efectivamente os contribuintes em todos os momentos do Estado-de-direito-dos-cidadãos.

Regressemos à segunda geração. Vamos partir sinteticamente do princípio da autotributação. O princípio de autotributação dizia que os cidadãos se autotributam, definem os impostos que querem pagar (através do Parlamento), que a lei do Parlamento é expressão da vontade do povo; que daqui decorre necessariamente a justiça dos impostos, a igual-

As Garantias dos Contribuintes: a Terceira Geração 101

dade, a sua aceitação social. A Administração fiscal limita-se a executar as normas, aplicando-as quase automaticamente.

Em regra, e em virtude do princípio da separação dos poderes, os tribunais não podem intervir. Quando o contribuinte não está satisfeito pede à Administração fiscal "a graça" de rever o seu acto. Por força da concepção de Estado que existia na altura, os impostos eram ditados aos contribuintes: eram "impostos". Mais: eram os actos da Administração fiscal criavam as obrigações tributárias singulares, embora com base na lei; eram actos de autoridade que criavam as obrigações tributárias.

"Executando a lei", a administração fiscal praticava um acto de autoridade, constituía (impunha) a obrigação tributária de cada um. Em nome da lei e por força da lei, mas por sua autoridade. Era o "Estado império", exercido através do acto administrativo, acto de autoridade, acto que criava obrigações.

Foi esta a estrutura que vigorou até à reforma portuguesa dos anos 60. Mas, repito, foi-se dando conta que os parlamentos não representavam necessariamente a vontade do povo, que a administração fiscal não aplicava automaticamente as leis e que os contribuintes eram simples "sujeitos passivos". Não havia garantias suficientes de que os impostos fossem bem criados, bem aplicados ou sequer bem julgados. Mesmo depois de se ter abandonado a rigidez do princípio da separação dos poderes, tentou manter-se o mesmo estado de coisas, dizendo que os tribunais não podiam invadir a administração tributária por não terem capacidade técnica para intervir em matérias tão delicadas, tão técnicas, envolvendo conhecimentos de gestão, de contabilidade, de avaliação, etc., como são os problemas fiscais. Foi esta situação do bloqueio que se prolongou até aos anos 80. Porque demorou tanto a nova geração? Sejamos realistas: enquanto que as taxas dos impostos eram 10%, ou 15% ou 8%, o problema não era candente. Mais injustiça, menos injus-tiça, era uma injustiça "marginal", suportável. "Todos" estavam de acordo em que havia um problema, mas não parecia imperioso ultrapassá-lo durante os anos 60 e o início dos anos 70.

9. O problema e a necessidade de resolvê-lo

Sobretudo a meio dos anos 70, as taxas foram multiplicadas e a carga fiscal mais do que duplicou. Assim, o que era um problema negligenciável, uma injustiça suportável, passou a ser uma injustiça insuportável.

102   *O Sistema Tributário no Estado dos Cidadãos*

As injustiças a nível de 40% ou 50% do rendimento ou da fortuna começaram a ser vistas como insuportáveis. Depois, por outro lado, a concepção de Estado também mudou.

O Estado "leviatã", autoritário, que tinha o "imperium" dos imperadores romanos, o poder ilimitado de dar ordens e não ter de as justificar, o poder de supremacia em relação aos cidadãos, entrou em crise com a queda de alguns regimes autoritários e o descrédito de outros.

Quando fui aluno na Faculdade de Direito de Coimbra entendia-se que o Direito administrativo era o Direito da supremacia da Administração em relação aos cidadãos. Característico do Estado era o poder do império. E característica do acto administrativo, era ser um acto de autoridade que criava obrigações.

Houve também uma alteração estratégica nesta matéria. Num Estado de Direito democrático dos cidadãos, "o Estado somos nós". Rejeitou-se o tempo em que Luís XIV dizia: " L' État c'est moi". Hoje dizemos: "L' État c'est nous".

Passaram a instalar-se progressivamente teorias e práticas que exigiam justiça e poder (conhecimento e intervenção) dos cidadãos. Lembramo-nos de uma dissertação doutoramento em que se procurava o acto administrativo perdido. Hoje é difícil definir o Direito público, se é que ainda há Direito público. Pelo menos, não se consegue defini-lo com base no acto administrativo, no "imperium" do Estado, na supremacia da Administração. Algumas modernas concepções sobre o Direito público vêem nele o direito organizatório dos serviços públicos. Uma espécie de ciência da administração dos serviços públicos ou um Direito da Administração, tal como o (velho) Direito Comercial era o Direito dos comerciantes.

Estávamos perante uma crise do Estado (e do Direito público). Havia que a resolver (com quanta relutância) a nível dos impostos, último instrumento do "poder" político no Estado-dos-cidadãos.

10. Controlo da administração: os tribunais

Começou a sentir-se cada vez mais necessidade de defender as pessoas contra o Estado. Hoje, a grande afirmação da pessoa contra o Estado (e os outros) são os direitos da pessoa. Mesmo quando se violam sistematicamente, fica bem no discurso político falar de direitos da personalidade.

As Garantias dos Contribuintes: a Terceira Geração

No plano garantístico chegou-se à conclusão que os princípios políticos tradicionais não chegavam para assegurar que a tributação fosse justa e aceite. Houve que descobrir métodos novos.

O primeiro foi a criação dos tribunais fiscais ou administrativos independentes. Os juízes deixaram de ser nomeados pelo Ministro das Finanças, de ter a aparência de funcionários administrativos com nome de juízes, mas passaram a ser juízes-como-os-outros. Embora eventualmente os tribunais fossem ·de competência especializada. Os primeiros juízes desses tribunais de competência especializada ou, pelo menos, muitos desses primeiros juízes, vieram dos tribunais comuns.

Depois, passou a entender-se que qualquer tribunal, nomeadamente os fiscais, tinha competência, não só formal, como também técnica, substancial, para julgar qualquer caso que se lhe fosse apresentado. O princípio do recurso à justiça, aos tribunais, não podia ser iludido fosse por que razão fosse. Não havia caso por muito complexo, técnico, etc. que fosse, que o tribunal não pudesse resolver com a ajuda dos advogados que podiam ser escolhidos segundo a sua competência técnica específica e eventualmente com a ajuda de peritos.

Isto sem prejuízo de que para certos casos em que há uma grande distância entre a norma e o caso, a intervenção do perito independente pareça cada vez imperativa a substituir o juiz.

No espaço de princípios gerais, indeterminados, critérios técnicos complexos, etc., e sempre sem prejuízo do recurso ao tribunal, introduziram-se, mas muitas vezes com carácter obrigatório, instâncias prévias de carácter técnico, (comissão, um debate, um perito) para ajudar a deslindar o caso sob o ponto de vista técnico. Ou facilitar, pelo menos, a sua resolução quando chegar a tribunal.

Mas, repito, a ideia de que havia situações que pela sua complexidade técnica os tribunais não eram capazes de resolver, nem tinham de ser chamados a resolver, desapareceu. Isto sem prejuízo, não o posso ocultar, de que haja em matéria de impostos muitos problemas que um juiz "normal", formado em Direito por uma das nossas excelentes Faculdades, não é capaz de resolver. Problemas que "um só" fiscalista não pode resolver porque exigem conhecimentos de gestão de empresas, contabilidade, matemática, análise de mercado, teoria geral de direito civil, direito das sociedades, etc.

Assim, a cláusula geral anti abuso, n.º 2 do artigo 38.º da Lei Geral Tributária, exige apelo aos conhecimentos mais técnicos, mais difíceis e menos facilmente analisáveis do Direito Civil; como sejam fraude à lei,

104   *O Sistema Tributário no Estado dos Cidadãos*

abuso de direito, simulação, etc., etc. Mesmo os civilistas os discutem, quanto mais um fiscalista de formação diferente. Mas a regra instalou--se. Quem guarda os nossos próprios guardas, são os tribunais. Todos os actos administrativos tributários são recorríveis para tribunais e nos tribunais tem de haver, pelo menos, duas instâncias de análise.

A atenção dos fiscalistas e do legislador passou a incidir com peso crescente no procedimento fiscal.

Primeiro, destacado com dificuldade do procedimento administrativo (também denominado "processo") que era o seu início necessário e o seu modelo constante, em termos de consumir muito do seu significado. A decisão do processo já vinha largamente condicionada da fase procedimental que se lhe antepunha (presunção da legalidade dos actos tributários, inversão do ónus da prova contra o contribuinte, limitações aos meios de prova, formação dos juízes, etc.).

Depois, pouco a pouco, o processo tributário foi adquirindo um carácter cada vez mais científico e autónomo, caminhando para um processo de partes como um objectivo vizinho mas ainda não atingido.

11. O devido procedimento administrativo – certeza / segurança

A Administração fiscal estava vinculada internamente a uma série de actos dirigidos a definir a obrigação do sujeito passivo. Levando ao conhecimento deste (notificando-o ou citando-o) o resultado. Só a correcção daquele procedimento leva a presumir (garantir) a correcção/legalidade do resultado.

O sujeito passivo – e os órgãos de controlo – para apreciarem da legalidade do acto fiscal precisavam de conhecer o procedimento anterior. Assim, o problema que se pôs foi o de a Administração fiscal dever exteriorizar o "iter" cognitivo e a deliberação que levaram ao acto final, para permitir a defesa do contribuinte. Tal exteriorização aparecia como uma garantia deste.

Digamos por outras palavras.

Tradicionalmente, e por acto de autoridade, a Administração pública criava uma obrigação tributária. Com base na lei, é certo, mas numa lei sempre distante, com conceitos "naturalmente indeterminados", susceptível de evolução conforme os tempos e os casos. Criava uma obrigação tributária por mero acto de autoridade que se limitava, sem mais, a definir o montante, o prazo e o local do pagamento. A justificação era

As Garantias dos Contribuintes: a Terceira Geração

discutida em tribunal, onde na prática o ónus da prova estava a cargo do sujeito passivo. Atrasava-se a justiça, era complicado, pesado. E transformava os cidadãos em entes menores, aos quais se davam ordens que não precisavam de ser explicadas. Então, foi criado e tem vindo a ser aprofundado o princípio da fundamentação expressa dos actos administrativos tributários. O acto tributário é constituído por uma fundamentação e uma decisão.

Estes dois momentos têm de ser expressos para convencer o destinatário e para permitir o controlo pelas instâncias administrativas e judiciais competentes. Nesta matéria tem havido recuos e tem havido progressos. A regra é que o acto administrativo só produz efeitos, obrigações, se contiver a fundamentação e a decisão. E estas, para produzirem efeitos em relação ao contribuinte, têm de ser notificadas.

Nesta matéria, falamos mais tarde dos progressos e dos muitos recuos.

O que se passava quanto à fundamentação expressa, passava-se quanto a muitas outras exigências quanto ao procedimento administrativo que devia ser mais célere e mais correcto. O que levantou muitas dificuldades.

O Professor Teixeira e Ribeiro que coordenou a reforma fiscal dos anos 60, a propósito da resistência da Administração e do legislador a um Direito fiscal mais justo, falava da "contra reforma fiscal". Eu, por vezes, contraponho à "evasão fiscal" dos contribuintes, a "invasão fiscal" do Estado. Os contribuintes tentam não pagar impostos, fugir às suas obrigações, evadir-se, e o Estado tenta invadir a esfera de direitos, liberdades e garantias dos contribuintes. Infelizmente, e muitas vezes, com o beneplácito dos tribunais.

Mas qual é o problema da Administração fiscal? É o seguinte: tivemos uma reforma nos anos 60 que trouxe novas exigências técnicas em relação às reformas dos anos 20 que estavam em vigor.

Exigências aos contribuintes e à Administração. Só se reformaram as leis, mas não os contribuintes nem a Administração. Consequentemente, a Administração só muito dificilmente começou a digerir as novas exigências e os novos procedimentos da reforma dos anos 60.

Nos anos 80 publicou-se nova reforma, que ainda foi mais inovadora porque, nomeadamente através da introdução do IVA, os contribuintes foram multiplicados por 20, as obrigações acessórias cresceram e as necessidades do controlo da Administração dispararam. E a Administração continua na mesma. Houve alguma melhoria em técnicas informáticas e pouco mais. Portanto, a Administração hoje, vinte anos depois de 1986, ainda não progrediu o suficiente.

Hoje tentamos recuperar 50 anos de paralisia, só "animados" por reformas no papel.

Quando foi da lei geral tributária, a comissão a que presidia estabeleceu a fundamentação e a necessidade de audição prévia dos contribuintes.

A fundamentação continua a ser pouco mais do que letra morta: se o contribuinte não está esclarecido, tem o ónus de consultar o processo.

Quanto à audição prévia, a Administração fiscal em demasiados casos afirma simplesmente que o contribuinte não trouxe elementos novos e passa à frente.

Não era isto que se queria. Na Comissão da lei geral tributária pôs-se a hipótese de acabar com as reclamações graciosas e transferi-las para antes do acto de liquidação. Baixou-se o período de prescrição de dez anos para oito anos. A Administração fiscal não se tornou mais eficiente: passaram a prescrever mais impostos.

Foi considerada um passo demasiado brusco. Continuaram a acumular-se as reclamações.

Baixou-se o período de caducidade de cinco para quatro anos. Caducam mais impostos.

Julgo que não temos em Portugal uma Administração fiscal, enquanto pessoas, pior do que qualquer outro país, capaz, trabalhadora e honesta. Mas temos meios escassos.

Ou se aproximam os meios da Administração das exigências da reforma de 80; ou se aproxima o Direito fiscal dos meios da Administração.

Passo a outra vertente da segunda geração: a acrescida exigência da justiça material.

12. A justiça: a capacidade contributiva e os direitos da pessoa como base

As alterações dos impostos subsequentes ao movimento revolucionário de Abril de 1974 levaram a um acréscimo acentuado da carga fiscal, sobretudo através do aumento brusco e elevadíssimo das taxas.

Tal acréscimo foi ainda mais sentido por ser suportado por um sistema de impostos cedulares, não personalizados, considerando aspec-

As Garantias dos Contribuintes: a Terceira Geração

tos particulares da capacidade contributiva do sujeito passivo. Criaram-se, assim, gravíssimas distinções que levaram a injustiças insuportáveis.

Nasceu, um problema. Taxas muito elevadas, propiciadoras de injustiças relativamente graves, fizeram com que surgisse a consciência social de que existia um problema e de que este tinha de ser resolvido a favor da justiça.

Contudo, a relativa fraqueza da sociedade civil perante o poder político, fez com que a resolução do problema tivesse de vir a ser adiada. Os impostos, as taxas, a incidência continuaram a ser campo aberto ao arbítrio do poder político, perante a impotência da sociedade civil. Crescendo as sanções para o não cumprimento das obrigações fiscais, através da previsão de crimes fiscais e de contra-ordenações.

Surgiu, pois, uma espiral evasão/crescimento de carga fiscal/ evasão que só seria mitigada com a reforma da segunda metade dos anos 80, com melhoria das características técnicas e da justiça do sistema fiscal.

Foi o momento em que se acentuaram as garantias do "contribuinte" (Código de Processo Tributário), se personalizaram algo os impostos sobre o rendimento (IR e IRC) e se modelou a incidência dos impostos e os benefícios fiscais em atenção à capacidade contributiva – e, porque não, aos direitos das pessoas. Através, nomeadamente, de uma acrescida atenção do legislador aos interesses das famílias e das empresas e a um diálogo com os representantes da sociedade civil. Incidência e não incidência, benefícios, taxas, etc., tentaram levar em conta a justiça e a eficácia. Particularmente exigente, repito-o, perante uma carga fiscal muito elevada.

Vou dar dois exemplos que me parecem significativos.

O primeiro refere-se à consideração da capacidade contributiva efectiva através da personalização dos impostos. Foi o que sucedeu com o IRS.

É certo que este é, incorrectamente, um imposto celular, dividido em secções conforme as fontes dos rendimentos, com as suas específicas matérias colectáveis, regras de determinação destas, taxas e benefícios. Tudo para "garantir" ao Estado uma certa estabilidade de receitas, em prejuízo da capacidade contributiva/justiça. Mas representa um sério e consistente progresso perante a velha combinação Imposto Profissional/ /Imposto de Mais-Valias/Imposto complementar.

Mas talvez que a orientação mais significativa no sentido do respeito da capacidade contributiva/direitos de personalidade seja a evolução que se registou na tributação da família.

O CIRS herdara do sistema anterior a imputação ao marido-chefe de família de todos os rendimentos da esposa e filhos menores para efeitos de tributação. O que transformava o casamento e a filiação em factos tributários, agravando a carga fiscal.

A seguir à publicação do CIRS, o legislador veio reconhecer a igualdade dos esposos, imputando os rendimentos a ambos em conjunto com respeito pelos direitos das pessoas.

Depois, para reduzir ou eliminar o significado do casamento como facto tributário gerador de carga fiscal, iniciou-se uma evolução que se encontra hoje consubstanciada na "repartição conjugal". Evolução ainda longe de estar terminada, sobretudo pela não consideração plena dos filhos como sujeitos desagregadores do rendimento total da família (isenção de mínimo de existência também para estes e quociente familiar).

A isenção de um "mínimo" de existência, o seu montante e os respectivos beneficiários será uma pedra de toque da justiça do sistema fiscal. E aqui ainda estamos longe de um nível aceitável de justiça.

Desde logo, num Estado-de-Direito-dos-cidadãos deve tratar-se de um "médio de existência", do necessário a garantir a todos uma existência em condições materiais dignas . O "mínimo" português é insuficiente.

Depois, não abrange todas as pessoas, nos mesmos termos, mas só algumas e por certos rendimentos.

Continuamos aqui no domínio da pura vontade desvinculada do legislador, do "imperium" do poder político. "Império" que se tem vindo a acentuar nos últimos tempos, com subidas pouco consideradas de taxas a aumentar uma carga fiscal já excessiva; e eliminação de não-incidência de impostos, nomeadamente para os reformados, o que vem contrariar a menor capacidade contributiva destes, reconhecida na LGT.

A densificação do núcleo conceitual da capacidade contributiva ainda está muito longe. E as necessidades dos que nos governam, tomam o lugar das reais necessidades dos cidadãos, do seu bem-estar e do crescimento económico sustentado. Uma análise, mesmo superficial, das doutrinas e das jurisprudências europeias leva-nos à conclusão de que a capacidade contributiva deriva do princípio da justiça, ao lado da legalidade dos impostos e do não-confisco. Mas, mesmo sem ir muito longe, surgem logo as seguintes perguntas, não respondidas: a capacidade contributiva abrange todos os impostos? E as taxas? Pode haver figuras com finalidade não contributiva?

A capacidade contributiva acaba por se reduzir aos princípios da igualdade e não discriminação. Princípios demasiadamente indetermina-

As Garantias dos Contribuintes: a Terceira Geração

dos para serem constantemente julgados na sua aplicação. E a justiça? Continua sem conteúdo minimamente determinado, entregue ao arbítrio do legislador.

Em diversos ordenamentos jurídicos deram-se passos em frente quanto às taxas que têm na base o princípio da equivalência, facilmente controlável; e o princípio do benefício quanto aos benefícios fiscais, contribuições extraordinárias, etc.

Mas a justiça continua a ser uma "ideia de que o legislador e os juízes não apercebem mais do que uma sombra. De que se vê o imperativo de só tributar rendimentos e riqueza efectivos, reais, e não meramente virtuais ou presumidos; a racionalidade da tributação, assente numa justificação expressa; e a existência de um verdadeiro "sistema" tributário e não meramente de um aglomerado de impostos ditados pela circunstância das necessidades financeiras do Estado. E pouco mais.

13. A diminuição da liberdade da sociedade civil

Uma carga fiscal elevada e o seu aumento são adequados à seguinte consequência (desejada ou não): a diminuição das possibilidades da escolha/autonomia da sociedade civil (família e empresas) perante as escolhas do Estado. Assim, o cidadão-soberano será obrigado a pagar impostos para o hospital público que lhe é destinado mas onde não tem lugar, quando é forçado a utilizar e pagar os serviços de um hospital privado; a pagar a escola pública para os seus filhos, quando prefere inscreve-los numa escola privada. Abandonar o seu projecto de vida e o da sua família, para aceitar a imposição que o Estado lhe faz à custa dos seus impostos.

A longo prazo são as opções do Estado (políticos, dirigentes, burocratas, etc.), os seus projectos, as suas representações sociais que se vêm a impor lentamente no que se pode configurar como uma "tirania" (ou um "totalitarismo") em "doses homeopáticas". O Estado-do-bem-estar pode tornar-se ("totalitariamente") o Estado de "um certo" bem estar, assente numa "certa" ideologia.

É contra este perigo que há que tomar precauções.

Analisemos outro nível.

O direito à propriedade privada é um direito fundamental anterior e superior à Constituição da República e reconhecido por esta.

110   *O Sistema Tributário no Estado dos Cidadãos*

Tal como é um direito fundamental o direito a trabalhar, a exercer uma actividade económica, cultural, etc., a agir sobre/com os bens e sobre o mundo material.

Pergunto-me em que medida cargas fiscais de mais de 50% sobre os rendimentos (impostos directos e indirectos) são compatíveis com o direito fundamental à propriedade privada, ao trabalho e ao gozo dos respectivos rendimentos.

Se é certo que ser proprietário dos bens é gozá-los (Keynes) então somos (nós e os nossos bens) mais propriedade do Estado do que de nós próprios. Aparecendo nós e os nossos bens como meras manifestações de capacidade contibutiva.

O Estado pode facilmente impor-nos os interesses, as vias, as ideias dos que o dominam (vd., para desenvolvimentos a nível do Estado do bem-estar, Paulo Otero, A Democracia totalitária, Princípia, S. João do Estoril, 1.ª ed., 2001).

No caminho para um "totalitarismo" fiscal contrário ao Estado de Direito encontram-se as limitações do direito à privatividade. O sigilo bancário é levantado com muito mais facilidade pela Administração fiscal do que por outros serviços da Administração pública no domínio dos interesses que administram.

Cada cidadão deve ter uma larga margem de liberdade, ligada nomeadamente ao mundo material, para desenvolver livremente a <u>sua pessoa</u>, <u>com</u> e <u>para os outros</u>. Uma exagerada carga fiscal tornará o Estado um "proprietário" dos seus bens, dos seus rendimentos e, em última análise, da sua pessoa. Limitando as suas escolhas, condicionando-o depois de o privar dos seus bens, sobretudo da liberdade de dispor dos frutos da sua pessoa/trabalho. Há um limite que não pode ser ultrapassado a nível da carga fiscal e que na Alemanha foi fixado em 50% do PIB.

Mas julgo que também individualmente deve haver limites máximos de tributação.

14. Os impostos e os direitos (liberdades e garantias) das pessoas – antecipa-se a terceira geração

Somos levados pelo discurso que mantivemos até aqui, a ressaltar uma consequência: a necessidade de "antes" e "durante" a criação/aplicação das normas de impostos estarmos atentos aos direitos das pessoas, não só à sua liberdade de conformação das suas vidas, como aos direitos de conteúdo mais económico. Os impostos vêm depois (vd. Infra, parte III).

III – CONSAGRAÇÃO LEGISLATIVA DAS GARANTIAS DE PRIMEIRA E SEGUNDA GERAÇÃO

15. A Lei Geral Tributária

Vamos passar em revista a legislação fiscal portuguesa para determinar da consagração legislativa das garantias de primeira e segunda geração e da densidade com que essa consagração é feita. Análise rápida, dado o intuito da presente exposição e as limitações que lhe são impostas.

Dar-nos-emos conta da existência de alguns vestígios de garantias de terceira geração – direito à intervenção dos particulares, dever de cooperação da Administração – típicos do Estado-dos-cidadãos. De que trataremos no final.

Tomaremos como base a Lei Geral Tributária que consagra e aprofunda os preceitos constitucionais nesta matéria.

16. Art. 4.º da L.G.T. – Capacidade contributiva

Segundo o disposto no artigo 4.º, os impostos assentam essencialmente na capacidade contributiva revelada nos termos da lei através do rendimento ou da sua utilização e do património. É a introdução de um critério de justiça, de uma garantia de segunda geração. Mas é uma noção demasiado indeterminada. A capacidade contributiva não é definida previamente pela lei, sendo antes o que esta determinar. Portanto, o legislador não quer estar vinculado pela observância do princípio da capacidade contributiva; antes, definindo-o caso por caso. O legislador não quis que se fosse mais longe que se estabelecessem medidas/parâmetros dos impostos, que se proibisse a tributação de certos rendimentos ou de certos patrimónios, etc. Capacidade contributiva, é certo, mas a capacidade contributiva é o que a lei quiser. É insuficiente como garantia. É difícil pegar no critério da capacidade contributiva e dizer que um certo imposto é inconstitucional. Há que adensar a noção, aplicando-a frequentemente e de modo exigente.

17. Art. 5.º e segs. – Aprofundamento da capacidade contributiva

Os artigos 5.º e seguintes pretendem adensar os fins da tributação, o que algo contribui para aprofundar a própria noção de capacidade contributiva, tanto no sentido positivo – certas manifestações de riqueza devem ser tributadas – como no sentido negativo, afastando outras.

Assim, nos termos do art. 5.º (fins da tributação) a tributação visa a satisfação das necessidades financeiras do Estado e de outras entidades públicas e promove a justiça social, a igualdade de oportunidades e as necessárias correcções das desigualdades na distribuição da riqueza e do rendimento. A tributação respeita os princípios da generalidade, da igualdade, da legalidade e da justiça material (n.º 2). Trata-se de uma das poucas normas programáticas presentes na lei geral tributária. Pouco contribui para adensar qualquer conceito anterior ou posterior.

Com mais interesse encontramos o art. 6.º que trata das características da tributação e da situação familiar. Determinando que a tributação directa tem em conta: a necessidade da pessoa singular e o agregado familiar a que pertença disporem dos rendimentos e bens necessários a uma existência digna; a situação patrimonial incluindo os legítimos encargos do agregado familiar; a doença, a velhice e outros casos de redução de capacidade contributiva do sujeito passivo.

Há aqui dois aspectos importantes.

Desde logo, existe a consideração não só da pessoa singular como do agregado familiar como entidades de referência da tributação. Não necessariamente sujeitos passivos, mas sim como beneficiários da isenção do necessário para uma existência digna.

Depois, a circunstância de a doença e de velhice determinarem a redução da capacidade contributiva do sujeito passivo. É uma norma importante por não se tratar da atribuição de um benefício fiscal, mas de uma não incidência de impostos em virtude da diminuição da capacidade contributiva; que tem sido esquecida pelo legislador em tempos recentes, nomeadamente através do aumento da tributação dos reformados.

Quanto à tribuição indirecta, esta favorecerá os bens e consumos de primeira necessidade.

O número 3 volta à família, reconhecendo-a como um centro de agregação e distribuição de rendimentos, proibindo a sua discriminação, pelo menos em termos de não estar sujeita a impostos superiores aos que resultariam da tributação autónoma das pessoas que constituem o agregado familiar.

As Garantias dos Contribuintes: a Terceira Geração

Também nesta matéria ainda estamos bastante longe do desiderato aqui expresso. Na medida em que se continua a pensar a família só como um casal, sendo os restantes membros um conjunto de pessoas desagregadas. Não se levando em conta em todas as suas consequências a circunstância de a família ser um conjunto de pessoas que agregam os seus rendimentos, seja qual for a sua origem, para depois os voltarem a desagregar em atenção às necessidades de cada um.

Ainda estamos longe, em Portugal, de uma tributação adequada da família; de uma tributação que leve em conta a existência de um conjunto de pessoas (nós) mas também de pessoas singulares (eu-tu) que merecem um tratamento idêntico ao das pessoa singulares que não estão agregadas em família; que preveja a isenção do médio de existência, não só para a pessoa singular mas também para cada uma das pessoas singulares que constituem a família.

Segue-se o art. 7.º a tratar dos objectivos e limites da tributação.

A tributação favorecerá o emprego, a formação do aforro e o investimento socialmente relevante, devendo ter em consideração a competitividade e internacionalização da economia portuguesa no quadro de uma sã concorrência. Trata-se, mais uma vez, de princípios muito gerais que pouco contribuem para adensar a noção de capacidade contributiva e os benefícios fiscais e as isenções que lhe devem estar agregados.

18. Art. 7.º, 3 – Liberdade ou proibição do estrangulamento tributário

No art. 7.º, n.º 3, encontra-se um princípio que denominaria de proibição do estrangulamento tributário. A tributação não discrimina qualquer profissão ou actividade, nem prejudica a prática de actos legítimos de carácter pessoal. Ou seja: anterior e superior à tributação encontram-se a liberdade, a autonomia privada, a propriedade privada, a liberdade de empresa, etc. De um modo geral, a livre conformação da pessoa e da sua actividade de acordo com o seu projecto pessoal de vida.

A tributação não deve impedir ou dificultar certas actividades (livres) ou o projecto pessoal de cada um.

Impedindo-o através de matérias colectáveis demasiadamente alargadas, taxas elevadas, etc. Ou, mesmo, beneficiando demasiado certas actividades "em prejuízo" de outras actividades que desta maneira se vêm prejudicadas em termos de concorrência.

114   *O Sistema Tributário no Estado dos Cidadãos*

As necessidades financeiras do Estado não podem justificar atentados às pessoas e aos seus direitos (Diogo Leite de Campos e Mónica Horta Neves Leite de Campos, Direito Tributário, pg. 148).

19. Art. 8.º – Princípio da legalidade

O art. 8.º, princípio da legalidade tributária, tenta desenvolver e adensar os conceitos constitucionais nesta matéria. Sobretudo através do seu n.º 2. Trata-se de uma garantia de primeira geração sobre a qual não nos vamos debruçar por se encontrar abundantemente tratada na jurisprudência e na doutrina.

20. Art. 9.º – Acesso à justiça tributária

As garantias dos contribuintes deixaram de ser um problema de eficiência da Administração, de organização dos serviços públicos, para passarem a ser constitucionalmente direitos, liberdades e garantias dos contribuintes. O acesso à justiça tributária é uma garantia da segunda geração.

O art. 9.º dispõe que é garantido o acesso à justiça tributária para a tutela plena efectiva de todos os direitos. Nos termos do n.º 2, todos os actos em matéria tributária que lesem direitos ou interesses legalmente protegidos são impugnáveis ou recorríveis nos termos da lei. Esta é das primeiras garantias dos contribuintes na segunda geração. Os tribunais têm jurisdição sobre todos os direitos ou interesses legalmente protegidos.

O acesso à justiça tributária é uma garantia particularmente complexa que compreende, por exemplo, o direito à informação jurídica e o patrocínio jurídico, (art. 20.º da Constituição); o direito de se fazer apreciar determinada pretensão por um tribunal que deverá pronunciar uma decisão fundamentada (art. 208, 1, da Constituição da República); direito de vista do processo; o estabelecimento de prazos de acção e de recurso razoáveis, proibindo-se também prazos de caducidade demasiadamente reduzidos dos direitos de acção ou do recurso (acórdão do Tribunal Constitucional n.º 148/87); o direito de obter do tribunal competente uma decisão dentro dos prazos legais ou num lapso temporal adequado à complexidade do processo; o afastamento das normas que impeçam o

As Garantias dos Contribuintes: a Terceira Geração

exercício do direito de alegar; a faculdade de apresentar provas de todas as espécies necessárias para a boa solução jurídica da causa; a dupla instância ou duplo grau de jurisdição; o direito de não ser prejudicado pela insuficiência de meios económicos (art. 20.º, n.º 1, da Constituição da República); o principio da proporcionalidade entre as custas e outras prestações pecuniárias e o procedimento ou processo em causa.

Mas o princípio do acesso à justiça não pode terminar aqui. Tem de ser lido conjuntamente com o disposto no art. 98.º (igualdade de meios processuais) que determina que as partes dispõem no processo tributário de iguais faculdades e meios de defesa. Com efeito, o princípio da igualdade processual ou de armas, previsto nos artigos 13.º e 20.º da Constituição, exige que as partes sejam colocadas no processo judicial em perfeita paridade de condições para obter justiça (Lei Geral Tributária, anotada e comentada, por Diogo Leite de Campos, Benjamim Silva Rodrigues, Jorge Lopes de Sousa, anotação ao art. 98.º). Assim, quaisquer vantagens atribuídas à fazenda pública em matéria de prazos, apresentação de provas, acesso ao processo, não punição adequada em termos idênticos aos que são aplicados ao contribuinte, etc., devem considerar-se inconstitucionais.

21. Art. 11.º – Interpretação

Encontramos mais uma garantia de primeira geração, ligada ao princípio da legalidade, segundo a qual (art. 11.º) na determinação do sentido das normas fiscais e na qualificação dos factos a que as mesmas se aplicam são observadas as regras e os princípios gerais de interpretação e aplicação das leis. E que (n.º 2) dispõe que sempre que nas normas fiscais se empreguem termos próprios de outros ramos de direito, devem os mesmos ser interpretados no mesmo sentido daquele que aí têm, salvo se outro recorrer directamente da lei.

22. Integração de lacunas

Proíbe-se (ar. 11.º) a integração de lacunas, por via analógica, nas normas tributárias abrangidas na reserva da lei da Assembleia da República.

A proibição da interpretação/aplicação analógica tem sido discutida na doutrina, havendo alguns autores que se lhe opõem. Contudo, parece-

116   *O Sistema Tributário no Estado dos Cidadãos*

-me que, não sendo o Direito fiscal "um ramo de direito como os outros", são necessárias maiores certeza e segurança na definição dos tributos, de onde decorre a proibição de aplicação analógica.

23. Art. 12.º – Aplicação da lei no tempo. Proibição da retroactividade

Segue-se o art. 12.º que se refere à aplicação da lei tributária no tempo. Determina que as normas tributárias se aplicam aos factos posteriores à sua entrada em vigor, não podendo ser criados quaisquer impostos retroactivos (na esteira do disposto no art. 103.º da Constituição da República que dispõe que "ninguém pode ser obrigado a pagar impostos... que tenham natureza retroactiva").

Trata-se de matéria muito tratada, resultando o art. 12.º de cuidadosa consideração da obra do Professor Alberto Xavier nesta matéria. Lembrarei, de passagem, alguma infelicidade do n.º 2 na medida em que é difícil, na prática, a sua aplicação.

24. Art. 14.º – O princípio da previsibilidade

O art. 14.º, a propósito dos benefícios fiscais, contém uma norma que introduz a garantia da previsibilidade das normas fiscais. Assim, o n.º 1 determina que sem prejuízo dos direitos adquiridos as normas que prevêem benefícios fiscais vigoram durante um período de cinco anos, se não tiverem previsto outro, salvo quando, por natureza, os benefícios fiscais tiverem carácter estrutural.

Antes de mais, há que prestar um esclarecimento. Como parece resultar do texto da lei e era, de qualquer modo, intenção da comissão que elaborou o projecto da lei geral tributária, o prazo de cinco anos é um prazo mínimo, não um prazo máximo. Tudo em atenção ao principio da segurança jurídica/previsibilidade. Convinha que os destinatários de benefícios fiscais soubessem qual era o período de duração deles. Período mínimo. Para adequarem o seu investimento, os seus aforros, as sua previsões a esse período. Consideramos esta matéria um dos alicerces fundamentais do Direito tributário enquanto Direito. Uma norma tributária não pode entrar em vigor nos termos normais da "vacatio legis". É preciso dar-se um certo prazo para que os contribuintes se adaptem a ela. É necessário, por outras palavras, haver uma coordenação entre o ritmo da vida legislativa fiscal e o ritmo da vida económica, social, das famílias e das empresas. Eu diria, e reafirmá-lo-ei mais tarde, que há em todo o Direito fiscal, mas sobre-tudo em matéria de benefícios, um regime (quase) contratual entre o legis-lador e os seus destinatários. Um bom exemplo disto é o estatuto fiscal da zona franca da Madeira. Se alguém recebeu vantagens fiscais para se instalar na Madeira, estas não podem ser retiradas no ano seguinte; se no início do ano a taxa de IRC era de 25%, não pode subir para 50% em Agosto.

Portugal é talvez o país da Europa onde há mais numerosas, mais rápidas e mais imprevisíveis alterações legislativas em matéria fiscal, normalmente meramente oportunísticas que prejudicam o investimento, o crescimento económico e descredibilizam o país.

A comissão que elaborou a Lei Geral Tributária pensou em introduzir uma norma de estabilidade/previsibilidade.

No sentido de se fixarem os períodos mínimos de duração das normas fiscais, os prazos para a sua entrada em vigor, a coordenação entre as expectativas dos contribuintes e a lei em termos de previsibilidade. Ou se quisermos, de boa fé. Tratar-se-ia duma norma já de terceira geração, ou seja, uma norma de carácter "contratual".

25. Princípio da igualdade. Princípio da indeminização do sujeito passivo. Um Direito Tributário "Civil"

Deriva da própria ideia de Estado de Direito democrático dos cidadãos o princípio da igualdade entre os contribuintes e a Administração fiscal. Não só no campo processual mas também no campo procedimental, dos direitos e das responsabilidades.

Assim, no campo do direito procedimental dever-se-ia acabar com o privilégio da autotitulação da Administração quanto aos seus actos, no sentido de poder promover imediatamente execução contra o contribuinte. Devendo, pelo contrário, antes da prática do acto ou da execução o assunto ser discutido entre o contribuinte e a Administração e, no caso de haver litígio, por uma instância judicial ou arbitral.

Mas também a nível de direitos e deveres deve haver paridade. Se o contribuinte oculta uma receita de 500 €, trata-se de crime fiscal. Mas se a Administração fiscal "inventa" uma receita de 500 €, o problema é do contribuinte e não da Administração fiscal que fica impune. Cada vez mais se trata de um problema sentido pelos contribuintes que pedem, ou

118   *O Sistema Tributário no Estado dos Cidadãos*

gostariam de pedir, indemnização ao Estado por liquidações ilegais ou por factos que os prejudicaram.

Existe um princípio geral de Direito, iria dizer de direito natural, integrado num direito fundamental do indivíduo que é o direito à indemnização por todos prejuízos que se sofram. Assim, o contribuinte pode – eventualmente deve – pedir indemnização à Administração fiscal por todos os prejuízos que os seus actos lhe causem, nomeadamente por liquidações erradas de impostos, por execuções ilegais, etc. Isto independentemente da consagração na lei de um regime equitativo de responsabilidade do Estado que ainda falta, pois os direitos fundamentais estão antes e acima da Constituição e das leis.

26. Art. 45.º – Caducidade

Bastante mais longe, na lei geral tributária, encontramos o art. 45.º que trata da caducidade do direito de liquidação por parte da Administração fiscal. É uma norma que visa a certeza e a segurança do Direito. Hoje o prazo de caducidade é de quatro anos, anteriormente de cinco. Há situações previstas no art. 46.º em que o prazo é de três anos.

Encontramos uma triste curiosidade no art. 46.º. O n.º 1 determina que o prazo de caducidade se suspende com a notificação ao contribuinte, nos termos legais, do início da acção de inspecção externa, cessando, no entanto, esse efeito, contando-se o prazo desde o início, caso a duração da inspecção externa tenha ultrapassado o prazo de seis meses após a notificação. É uma norma que não estava no projecto da lei geral tributária, tal como a comissão o apresentou ao governo (embora tivesse sido suscitada e imediatamente rejeitada nas discussões) e que permite que a Administração fiscal, a seu belo prazer, prolongue indefinidamente, diria mesmo que por séculos, o prazo de caducidade.

27. Art. 48.º – Prescrição

No art. 48.º está previsto o prazo de prescrição de oito anos. O prazo começa a contar-se desde o momento da verificação do facto tributário e não desde o momento da liquidação ou de outro qualquer. Como efeito, a obrigação de imposto surge no momento da verificação do facto tributário, não sendo criada, mas só declarada, com a liquidação de imposto.

28. Art. 55.º – Princípio do procedimento tributário

O art. 55.º (princípio do procedimento tributário) determina que a administração tributária exerce as suas atribuições na prossecução do interesse público, de acordo com os princípios da legalidade, da igualdade, da proporcionalidade, da justiça, da imparcialidade e da celeridade no respeito pelas garantias dos contribuintes e demais obrigados tributários. Devem acrescentar-se a estes, não só por força da norma constitucional como por força da própria lei geral tributária, os princípios da boa fé e da colaboração entre a administração fiscal e os contribuintes.

Este artigo que integra garantias de segunda geração, é introdutório ao procedimento administrativo tributário e vem revelar que se trata aqui não de meras regras internas da administração, respeitantes à sua eficácia, mas de verdadeiras garantias dos contribuintes que já têm dignidade constitucional.

29. Art. 57.º – Prazos do procedimento

O artigo 57.º trata dos prazos, determinando no n.º 1 que o procedimento tributário deve estar concluído no prazo de seis meses, devendo a administração tributária e os contribuintes abster-se da prática de actos inúteis ou dilatórios. É uma verdadeira garantia dos contribuintes, no sentido da celeridade do procedimento administrativo tributário. Contudo, como não há qualquer sanção para o não cumprimento do prazo por parte da administração, transforma-se em letra morta, ou, se quisermos, numa mera exortação à administração tributária. Não devia ser assim. O não cumprimento do prazo devia implicar uma sanção para a Administração tributária.

30. Art. 59.º – Princípio da colaboração

No art. 59.º prevê-se o princípio da colaboração recíproca entre os órgãos da administração tributária e os contribuintes.

Passa-se a uma presunção da boa fé da actuação dos contribuintes e a da administração tributária, prevista, para a Administração tributária, no n.º 2 do artigo 266.º da Constituição da República. Significa que tanto os contribuintes como a administração devem actuar eticamente, como "bons cidadãos", com lealdade e sinceridade recíprocas.

120   *O Sistema Tributário no Estado dos Cidadãos*

No n.º 3 prevêm-se diversos deveres de colaboração da Administração tributária, dos quais sublinho a informação vinculativa sobre as situações tributárias ou os pressupostos ainda não concretizados dos benefícios fiscais.

Para que esta disposição tenha significado prático deveria ter sido estabelecido, e cumprisse, um prazo máximo para a sua observância.

Seguidamente, chamo a atenção para a comunicação antecipada do início da inspecção da escrita, com a indicação do seu âmbito e extensão e dos direitos e deveres que assistem ao sujeito passivo.

A colaboração dos contribuintes com a Administração tributária compreende o cumprimento das obrigações acessórias previstas na lei e a prestação dos esclarecimentos que esta lhes solicite sobre a sua situação tributária, bem como sobre as relações económicas mantidas com terceiros (n.º 4).

31. Art. 60.º – Princípio da participação

No art. 60.º, sob a epígrafe princípio da participação, consagra-se o direito de audição dos contribuintes antes dos principais actos da administração tributária que lhe dizem respeito, nomeadamente antes da liquidação.

A Administração tributária deve comunicar ao sujeito passivo o projecto da decisão e a sua fundamentação, para este se poder pronunciar. Os elementos novos suscitados na audição do contribuinte são tidos obrigatoriamente em conta na fundamentação da decisão.

Este artigo decorre do art. 267, n.º 5 da Constituição da República que reconhece aos cidadãos o direito de participação na formação das decisões e deliberações que lhes disserem respeito.

Infelizmente, as muitas tarefas que sobrecarregam a Administração fiscal e o escasso número dos seus meios, nomeadamente humanos, têm levado a que o direito de audição não passe, na maior parte dos casos ponto de letra morta. A Administração fiscal concede poucos dias para resposta ao contribuinte, dentro do já diminuto prazo fixado na lei. E depois não dá atenção às suas razões a pretexto de que não foram trazidos elementos novos.

Na comissão da lei geral tributária tinha-se suscitado a conveniência de, antes do acto definitivo, ser estabelecido um contraditório entre o contribuinte e a administração; não já perante o órgão ou agente que vai praticar o acto, mas sim perante uma entidade superior a este, em termos de

As Garantias dos Contribuintes: a Terceira Geração

autêntica "reclamação graciosa". O assunto seria devidamente discutido e esclarecido entre o contribuinte e a Administração antes da prática do acto. E, no caso de não ter sido resolvido, então e só então, se tornava imperativo o recurso a tribunal. Mas não foi esta a solução final adoptada.

32. Art. 64.º – Dever de confidencialidade

No art. 64.º prevê-se o dever de confidencialidade dos agentes da administração tributária sobre os dados recolhidos, a situação tributária dos contribuintes e os elementos de natureza pessoal que obtenham no procedimento, nomeadamente os decorrentes do sigilo profissional ou qualquer outro dever de segredo legalmente regulado. O artigo em causa reflecte a introdução na lei geral tributária de um direito da personalidade, ou seja, do direito à privatividade em matéria fiscal.

33. Art. 67.º – Direito à informação do contribuinte

O art. 67.º prevê o direito à informação do contribuinte sobre a fase em que se encontra o procedimento e a data previsível da sua conclusão; a existência e teor das denúncias não confirmadas e identificação do seu autor; e a sua concreta situação tributária. Mais uma vez julgamos que se deveria ter ido mais longe: em vez de se tratar de um simples direito à informação, devia tratar-se de um verdadeiro direito à participação em todo o procedimento.

34. Art. 73.º – Presunções

No art. 73.º determina-se que as presunções consagradas nas normas de incidência tributária admitem sempre prova em contrário; o que constitui uma garantia do contribuinte, perante normas anteriores de outros diplomas que previam presunções inilidíveis.

35. Ónus da Prova

O art. 74.º vem estabelecer as regras gerais sobre o ónus da prova, vigentes nos outros ramos de Direito e agora também em Direito tributário.

36. Art. 77.º – Fundamentação

Nos termos do artigo 77.º prevê-se a fundamentação expressa da decisão do procedimento. Esta fundamentação é constituída por uma sucinta exposição das razões de facto e Direito que a motivaram, podendo consistir em mera declaração de concordância com os fundamentos de anteriores pareceres, informações ou propostas, incluindo os que integram o relatório da fiscalização tributária.

A fundamentação dos actos tributários pode ser efectuada de forma sumária, devendo sempre conter as exposições legais aplicáveis, a qualificação e quantificação dos actos tributários e as operações de apuramento da matéria tributável e do tributo. Estabelecem-se regras especiais quanto à fixação da matéria colectável com base nas relações entre os contribuintes e terceiras pessoas e com base em métodos indirectos.

O Supremo Tribunal Administrativo tem vindo a entender que as irregularidades, nomeadamente as irregularidades resultantes do artigo 77.º, devem considerar-se como não essenciais desde que seja atingido o objectivo visado pela lei com a sua imposição.

Parece-me que há o risco de se transformar esta corrente jurisprudencial, numa "contra-reforma fiscal", ou numa "invasão dos direitos dos contribuintes", lançando para a diligência ou imaginação destes o que é um dever a cargo da Administração fiscal.

IV – O ESTADO – DE – DIREITO – DEMOCRÁTICO – DOS – CIDADÃOS (– DOS – DIREITOS); GARANTIAS DE TERCEIRA GERAÇÃO

37. O problema. Um Direito tributário contratualizado e "Civil"

Ao longo do presente texto (bem como dos textos que constituem a presente colectânea) descrevemos uma evolução, definimos as linhas essenciais do estado de coisas, fizemos um diagnóstico. Tudo em termos muito sumários. Reconhecemos, pelo menos nos aspectos essenciais, as garantias dos contribuintes, o esforço que tem existido para as constituir, as sucessivas "contra-reformas" ou "invasões" dos direitos dos contribuintes que se têm vindo a verificar. Sabemos que hoje, os impostos

As Garantias dos Contribuintes: a Terceira Geração   123

continuam a não ser vistos como Direito, mas como "torto"; continuam a ser rejeitados, em termos de rejeição generalizada dos impostos pela sociedade.

O legislador, o "poder" continua numa afirmação voluntarista da sua supremacia em relação aos cidadãos a "impor" impostos: só devia pedir contribuições.

Deram-se grandes passos com a primeira e a segunda geração das garantias dos contribuintes.

Mas os cidadãos continuam a precisar de ser protegidos do Estado que devia ser o seu primeiro defensor, o primeiro garante dos seus direitos. Continua a ser necessário "jurisdicizar" os impostos. Com este fim, há que ter consciência que os seres humanos estão antes e acima do Estado e dos impostos. Antes do dever de pagar impostos, situa-se o *direito fundamental de não pagar os impostos* que violem os direitos (liberdades, garantias) das pessoas.

A criação dos impostos deve ser participada pela sociedade civil em termos de real "auto-tributação".

Depois, a obrigação tributária será moldada nos termos da obrigação civil, integrando o procedimento tributário de lançamento e liquidação comparticipado pelo contribuinte.

Finalmente, a divulgação da arbitragem como meio de resolver os conflitos com a Administração, reflexo de uma sociedade civil autónoma que não aceita ser forçada a submeter-se aos juízos / juizes do Estado.

De modo a juridiscizar os impostos e a criar um sistema de impostos adequados ao Estado-dos-cidadãos ou-dos direitos (ou-das liberdades).

A) A NOVA AUTO – TRIBUTAÇÃO

38. Estado, Direito e Impostos

O Estado é um mero instrumento da sociedade civil: "o Estado somos nós". O Estado está ao nosso serviço. Tal como nas sociedades democráticas sempre se entendeu, ou devia entender-se, que a pessoa está antes e acima do Estado – daí a ideia do contrato social ser posterior à pessoa e anterior ao Estado – no Estado de direito democrático dos cidadãos a participação das pessoas não se deve limitar ao contrato inicial, constitutivo do Estado e das suas linhas fundamentais, mas deve

124 *O Sistema Tributário no Estado dos Cidadãos*

ser uma renegociação constante do contrato, não em termos de aplicação de normas rígidas e perante as quais as situações concretas são subsumíveis automaticamente, mas sim como uma recriação constante do Estado e do Direito.

39. Os cidadãos e o contrato social

Os cidadãos enquanto tais e as suas organizações devem ser os principais protagonistas da vida pública, devem intervir a par e passo em todas as decisões políticas e administrativas que digam respeito à sociedade e a cada um. Tenho chamado a esta matéria "a contratualização dos impostos" ou o "regresso à auto tributação". E na verdade estamos a regressar às origens, aos interesses que estão na base do princípio da auto tributação que hoje têm de ser prosseguidos por vias e com base em princípios diferentes. O Parlamento, como expressão da vontade popular, está posto em causa; tal com está posta em causa a classe política, de uma maneira geral, e os próprios partidos políticos. Há que descobrir novas vias, novos institutos, novos meios de expressão da vontade popular soberana, de modo a preencher-se o "deficit democrático" que hoje existe pelo menos em matéria de impostos. Nesta matéria o Governo não tem sido do povo, pelo povo e para o povo, havendo um cada vez maior divórcio ou afastamento de interesses entre a classe política dirigente, seja ela qual for, e a população. Há que dar um passo em frente no quadro do Estado de Direito democrático dos cidadãos.

Há que definir um novo sentido e uma nova actuação dos princípios, sobretudo do princípio da auto tributação. Se quisermos um conteúdo do princípio da auto tributação que respeite os direitos dos cidadãos e da sociedade.

Os cidadãos não devem ser destinatários/sujeitos dos impostos (ainda não há muito meros "sujeitos passivos") mas participantes da sua criação e da sua aplicação. Autores ou pelo menos co-autores dos impostos, da aplicação dos impostos às suas pessoas e da resolução dos conflitos que tenham com o Estado.

Mas será que isto é uma utopia? Será que é um desejo para um futuro muito longínquo? Já mo perguntaram. Tenho respondido que é uma necessidade imperiosa do Estado de Direito democrático dos cidadãos que hoje já se encontra inscrita em normas, em constituições, em práticas, em decisões, em obras doutrinais. Quem tem olhos veja, quem tem ouvidos ouça.

As Garantias dos Contribuintes: a Terceira Geração

Os impostos têm cada vez mais tendência para ser criados, em todos os Estados, através do Orçamento do Estado que é o diploma mais visível, mais público, mais democrático. A proposta do Orçamento do Estado é publicada, veiculada, difundida muito tempo antes da sua discussão na Assembleia da República e da sua aprovação. Encontra-se na "internet" um mês, dois meses antes, semanas antes, de ser apresentada e discutida na Assembleia. Porque motivo? Para que as forças sociais e os cidadãos possam ter conhecimento dela e discuti-la. As leis principais de um Estado, nomeadamente do Estado português, são submetidas primeiro a uma discussão pública. Sindicatos, ordens, organizações patronais, técnicos de impostos, industriais, investidores estrangeiros, etc., intervêm junto do Governo no sentido de discutir aquilo que está proposto, rejeitando, aprovando ou sugerindo. Mas mesmo antes de a proposta ser apresentada para discussão pública, sucede já terem sido ouvidas muitas das forças sociais. A ideia da lei, do Orçamento do Estado e dos impostos, como simples actos autoridade do Governo, através do parlamento, sobre o povo, é cada vez mais posta em causa pela essência do Estado de direito dos cidadãos e pela consciência que as pessoas têm da sua cidadania. Nas sociedades democráticas o governo e o partido ou partidos políticos no poder tentam que as suas decisões sejam compreendidas, aceites, sustentadas pela população.

Daqui depende o seu sucesso e a sua permanência no poder. O governo quer continuar governo. De maneira que cederá em tudo quilo em que entenda que é necessário ceder para continuar governo.

E promoverá tudo aquilo que entender que é necessário promover para continuar governo. Assim o Governo e as forças políticas levam cada vez mais em conta a vontade popular, quanto mais não seja através de sondagens à opinião pública. Cada vez mais são as instituições não governamentais que se opõem ao governo e controlam o governo. A sociedade civil, através das suas organizações, através dos indivíduos é cada vez mais determinante na criação dos impostos.

No momento do projecto de uma auto-estrada os ecologistas têm uma opinião; os automobilistas outra; a população em geral ainda outra, o Governo uma outra. É preciso que todos se ponham de acordo; é possível criar leis por consenso, mesmo que não sejam estritamente técnicas. Lembro-me que o projecto de Lei geral tributária apresentado ao Governo e aceite por este sem grandes alterações, foi aprovado por mero consenso por uma numerosa comissão que o elaborou e à qual eu presidi. Mantendo-se apesar disso um diploma de elevada qualidade técnica e com normas que necessitaram de muito debate científico.

126   *O Sistema Tributário no Estado dos Cidadãos*

Cada vez mais os assuntos públicos são discutidos no âmbito da sociedade civil e a cidadania é exigente. A sociedade civil é representada junto do Governo, do Parlamento, dos partidos políticos por inúmeros organismos representativos e por pessoas. Estas participam na auto tributação como porta-voz válidos da sociedade civil. Será difícil fazer uma lei sobre investimento estrangeiro, se esta não for discutida com as câmaras de comércio e indústria. A educação é debatida junto de universidades, colégios e sindicatos. E o que acontece em Portugal sucede na generalidade dos Estados democráticos e junto da Comissão da União Europeia ou do Parlamento Europeu que têm ao seu lado os mais diversos "lobbies", organismos representativos, associações de interesses, etc. Este caminho está sobejamente indicado por constitucionalistas, administrativistas, fiscalistas em todos os sectores de actividade onde actua o jurista. É só questão de descobrir os indícios e avançar.

B) *O DIREITO DE NÃO PAGAR IMPOSTOS: OS DIREITOS (LIBERDADES) DAS PESSOAS*

40. Direitos humanos e impostos

Tomemos como ponto de partida a afirmação de que em sociedade cada ente humano só valerá o que valerem os seus direitos (Groethuysen) (referido por João Lopes Alves, in Ética, Ciclo de Conferências, Banco de Portugal, Departamento de Serviços Jurídicos, 1999, pág. 81). E todos os seres humanos, enquanto tais e por o serem, têm direitos naturais, inalienáveis e invioláveis, direitos sagrados enunciados no seu essencial pela declaração francesa de 1789, que se impõem ao Estado, ao contrato social e à lei.

A sociedade é constituída, já o temos escrito, por um conjunto de indivíduos, "seres em si" mas também "com os outros" e "para os outros". Logo, o que o político e o jurista têm a fazer é aprofundar estes direitos pré-existentes à sociedade. Trata-se de direitos individuais mas que cada vez mais começam a transferir-se, numa terceira geração, para o colectivo, como direitos a uma certa maneira de viver em conjunto (Paulo Mota Pinto e Diogo Leite de Campos, Direitos da personalidade de terceira geração cit.).

As Garantias dos Contribuintes: a Terceira Geração

Na liberdade própria do ser humano e da colectividade, sem a qual não haveria ser humano e portanto colectividade humana, para além da liberdade de pensar e exprimir a sua opinião, de ter uma religião ou de não ter, de actuar economicamente, de transformar o mundo exterior, de seguir o seu plano de vida, de conformar a sua personalidade, há também a liberdade de pagar ou de não pagar impostos. Este é um elemento fundamental para afastar a governação despótica que leve, nomeadamente através daquilo que eu já caracterizei como a homeopatia da tirania, à absorção lenta mas constante do privado pelo público, da sociedade civil pelo Estado através da apropriação dos bens por este através de impostos.

Só assim se poderá acabar com a guerra permanente, logicamente anterior ao contrato social, que existe entre legislador/poder e cidadão/ /sujeito passivo em matéria de impostos, em que o primeiro se afirma como superior ao segundo, sendo ele a criar, o contrato social (destruir), e os seus elementos fundamentais em matérias decisivas para a liberdade humana. Há que, afastando-nos do estado da natureza, criar um estado de paz também em matéria de impostos, estado de paz assente num Direito composto pela justiça e pela segurança.

Aceitar a liberdade humana, a existência de direitos da pessoa e da colectividade em matéria de impostos, será o ponto de partida da conversão da matéria de impostos em Direito, leia-se justiça e segurança, cada vez mais aprofundadas, tarefa nunca acabada mas sempre exigida.

41. O que podemos fazer dos nossos impostos?

A pergunta nunca respondida de saber "o que podemos fazer de nós mesmos"? transforma-se em o que podemos fazer nós da nossa convivência e dos impostos que ela produz. Num diálogo permanente entre o direito e o dever de pagar impostos que não deixará de se reduzir harmonicamente à negociação da contribuição para o bem público. Não tenho dúvida – parece-me, neste momento, não ter dúvida – que o direito de não pagar impostos, em última análise, sobreleva o dever de pagar impostos. Mas tudo fica para discutir: o montante dos impostos que na conjuntura histórica se devem pagar, a sua definição em geral e a sua concretização em obrigação.

Vou usar a grande força legitimadora dos direitos humanos para justificar o discurso subsequente. Não esquecendo que, em última análise, os direitos humanos nada mais são do que os pilares fundamentais de uma estrutura jurídica, de uma ordem social construída sobre a justiça. Afastando uma concepção individualista dos direitos fundamentais, tipo concepção americana, a favor de uma concepção em que o homem, o ser humano e a sua dignidade ("os seus direitos") encontrem como suporte natural uma comunidade fundada no Direito inspirado pela justiça e pela segurança.

A concepção da "revolução francesa", embora afirmando certos direitos naturais contra os outros e contra o Estado, concebe estes direitos sobretudo como ingredientes, componentes de um tecido jurídico justo" (Paulo Mota Pinto e Diogo Leite de Campos, Direitos fundamentais "terceira geração", in O direito contemporâneo em Portugal e no Brasil, coordenação de Ives Gandara da Silva Martins e Diogo Leite de Campos, Editora Saraiva, São Paulo, 2004.

O que eu quero afastar é o poder (" Macht") do legislador, do político, do ser humano, a possibilidade de este fazer triunfar no seio da sociedade ou de uma relação social a sua vontade, mesmo contra resistências externas, seja por que meio for. Substituindo-a pela necessária autoridade ("Herrschaft") dos governantes perante os cidadãos, enquanto estes estiverem dispostos a obedecer a ordens de um conteúdo determinado, portanto assentes na paz social, na liberdade integrada pela justiça e pela segurança.

C) A NOVA OBRIGAÇÃO TRIBUTÁRIA

42. Os impostos num Direito Tributário Civil – Os pressupostos

Vamos tentar introduzir o processo de "civilização" nos impostos, a exemplo no que acontece nos outros ramos da vida social. O "processo de civilização" consiste numa modificação do comportamento humano e da sua sensibilidade (seja qual for a ordem) num sentido determinado. Esta evolução é determinada por movimentos emocionais e racionais dos indivíduos, por planos e por sentimentos que se interpenetram continuamente e vão levando a certos resultados – que nesta medida não decorrem de um plano racional prosseguido através dos tempos. A interdependência entre os sentimentos e as razões humanas dão lugar a uma ordem específica diferente e mais vinculante do que a da vontade e da razão dos indivíduos que a formaram ou que a ela presidem.

As Garantias dos Contribuintes: a Terceira Geração 129

É esta interdependência criadora que gostaria de transportar para um mundo dos impostos em que cada ser humano fosse simultaneamente sujeito e objecto. Com a consciência de que o "processo de civilização" conduz a uma diferenciação cada vez mais acrescida das funções sociais. Esta diferenciação implica um aumento contínuo das funções e dos agentes. E este aumento leva a que cada indivíduo seja cada vez dependente dos outros. Reflectindo-se esta dependência simultaneamente no dever de pagar impostos e na liberdade de não os pagar ou só de pagar os impostos justos.

Vamos um pouco mais longe. A civilização ocidental tem-se caracterizado pelo facto de a interdependência entre seres humanos se ir acentuando, e nesta medida eles se tenham tornado cada vez mais iguais, na medida que cada um sabe que sem os outros não sobreviverá.

Esta divisão de trabalho que é cada vez mais consciente a nível social e individual, leva a um sentimento de igualdade que se transforma simultaneamente, e pela sua própria razão de ser, num sentimento de solidariedade. As camadas dirigentes têm de levar em conta os "sujeitos", sem os quais não poderiam sobreviver, hoje menos do que nunca. Enquanto que as funções dos sujeitos são cada vez mais funções centrais, associando os cidadãos aos centros de decisão de uma maneira cada vez mais intensa.

Como se sabe, a própria luta política obedece a partir de certo momento desta interpenetração de funções sociais, aos quadros da solidariedade geral, situada em parâmetros pouco elásticos fora dos quais todo o bem-estar social seria atingido. Esbatendo-se nesta sociedade a conflitualidade, para dar lugar a uma conflitualidade individual dentro de regras bem determinadas e sobretudo no campo do económico.

Daí o conflito – menos intenso seguramente do que em séculos passados – que hoje se verifica com particular agudeza no campo económico, e dentro deste no campo, dos impostos.

Nesta ordem de ideias, temos de afastar ou de ultrapassar as noções correntes sobre o que é a sociedade, o indivíduo, a relação entre o indivíduo e a sociedade, a relação entre governantes e governados, o económico, o financeiro e os impostos que são noções "definitivamente" arcaicas. Mais do que isso, constantemente deturpadas pela classe dirigente.

O ser humano hoje – Nietzsche afirmou o homem superior é o ser com maior memória – julga que o único imposto que existe é aquele que está em vigor neste momento, perdendo a sua memória sobre o tempo passado e perdendo muito da sua capacidade de se projectar para o futuro através das suas memórias. Acabando por se transformar numa parcela ínfima da natureza em geral (" particulae naturae" como referia Espinosa). Acabando por aceitar os impostos como um aspecto da totalidade do real empírico, espécie de efeito sem causa – em outros aspectos, causa privada de efeito.

Temos de reassumir a condição do homem na natureza: na natureza "dos impostos": se está compreendido nela como uma parte, por outro lado como sujeito pensante, auto criador, reassume a natureza, conforma-a à sua "vontade" e reassume-a. O homem é a liberdade na natureza. Vamos ver se conseguimos apresentar os traços essenciais da liberdade do homem nos impostos.

Convém que todos os homens enquanto tais possam exigir não ser tratados – também no âmbito dos impostos – como se fossem só um meio ou um elemento do mundo sensível.

Não sendo submetidos ao arbítrio de ninguém por serem, pela própria natureza das coisas, sujeitos só de si mesmos. Convém que eles procurem a sua felicidade através da sua liberdade, no equilíbrio entre a sua função social e as suas inclinações pessoais. No equilíbrio entre o direito de não pagar impostos e o dever de pagar impostos. Para esta ordem, devemos contribuir todos nós juristas – advogados, professores, magistrados, funcionários da administração fiscal, cidadãos, etc. Tentámos fixar alguns dos parâmetros de um pequeno avanço.

D) ARBITRAGEM

O monopólio do poder judicial (uma das fases da violência legitima) pelo Estado está historicamente situado nas sociedades europeias. Traduz (também) a concepção da superioridade e omnipotência do Estado na vida pública, a que se reduz, ou para a qual converge, a vida social e individual.

Não está em causa a hetero-regulação dos conflitos. Os conflitos terão de ser dirimidos (na sua maioria e na actual circunstância histórica) por terceiros capacitados e independentes. Mas estes terceiros não têm de ser impostos às partes. Podem ser escolhidas por estas.

Ou seja: em vez do "juiz-de-fora", emanação do "poder", haverá o "homem-bom" escolhido pelas partes, da confiança destas, a dirimir os seus conflitos. Em termos de (ainda) "auto-composição" dos conflitos entre cidadãos (livres, iguais).

ÍNDICE

INTRODUÇÃO 7

GLOBALIZAÇÃO E REGIONALIZAÇÃO EM MATÉRIA DE IMPOSTOS 19

   1. As tendências da "regionalização" europeia em matéria de impostos   19
   2. Cont. – A Convergência 19
   3. Cont. A regionalização 23
   4. A concorrência fiscal e a convergência dos impostos na União Europeia 23

      A) A formação da União Europeia. A destruição das barreiras alfandegárias internas. O apagamento do princípio da territorialidade em matéria de impostos 23
      B) A convergência fiscal por "imitação" 24

   5. A necessária diversidade de sistemas fiscais no quadro de regionalização e a convergência por imitação 26
   6. A concorrência fiscal legítima 27
   7. A concorrência fiscal prejudicial 27

      A) O problema 27
      B) As medidas da OCDE e da EU contra a concorrência fiscal prejudicial 29

   8. Regionalização e globalização 30

JUSTIÇA E ARRECADAÇÃO NOS IMPOSTOS PORTUGUESES – UM SISTEMA ESGOTADO 33

   I – Introdução 33
      1. Política fiscal versus arrecadação de receitas 33

   II – Os impostos portugueses até 1988 35
      2. Os impostos portugueses até 1988 35
      3. A ruptura de 1974 36

   III – Os impostos a partir de 1988 36
      4. A reforma do fim dos anos 80 36
      5. As necessidades: a Administração Fiscal, o procedimento e o processo tributários 37

132 O Sistema Tributário no Estado dos Cidadãos

IV – As reformas: justiça e eficácia 38
   6. A reforma do procedimento e do processo 38
   7. A Lei Geral Tributária 39
   8. O conteúdo 40
   9. Reforma da Administração fiscal? 41
  10. A necessidade de reforma dos impostos 41
  11. A Lei n.º 30-G/2000 42
  12. Cont. a) Impostos sobre o rendimento 43

    A) Limitação do Sigilo Bancário 43
    B) Sobrecarga de tributação dos valores mobiliários 44
    C) A tributação por métodos simplificados 44

V – A evolução previsível e o OE para 2003. A ausência de projecto 45
  13. O OE para 2003 45
  14. O aumento da arrecadação 45
  15. Síntese conclusiva 46
  16. Perspectivas de futuro. A ética. A nova justiça fiscal 47

O ESTATUTO JURÍDICO DA PESSOA (DIREITOS DA PERSONALIDADE)
E OS IMPOSTOS 49

Introdução – O (antigo) contrato social e a necessidade dos direitos da pessoa em matéria de impostos 49

I – A pessoa e os seus direitos 50
   1. A pessoa em si: direitos da personalidade 50
   2. A pessoa em relação com os outros 51
   3. Eu-tu-nós. A comunidade e os deveres (os impostos/contribuições) . 51

II – Os impostos (contribuições) 52
   4. O Direito dos impostos 52

III – Os direitos fundamentais tributários da pessoa 54
   5. Isenção do necessário à manutenção de uma existência em condições económicas dignas 54
   6. A proibição do confisco 55
   7. Proibição do estrangulamento tributário 55
   8. O limite do sacrifício 56
   9. O princípio da liberdade (autonomia privada) – Também: normas anti-abuso e preços de transferência 56
  10. O princípio da legalidade como direito à liberdade 58

IV – As garantias dos direitos fundamentais 59
  11. A certeza jurídica – estabilidade, cognoscibilidade e previsibilidade do Direito 59
  12. A capacidade contributiva. Os direitos à igualdade e à não-discriminação 59

V – Os direitos da pessoa a nível do processo e do procedimento 60

VI – Os direitos da pessoa (com os outros) 61

Índice 133

O NOVO CONTRATO SOCIAL: DOS IMPOSTOS ÀS CONTRIBUIÇÕES 63

I – Pessoa humana, imposto e contrato social 63

 1. O ser em si e com os outros, e os impostos 63
 2. O "antigo" contrato social – O iluminismo francês e a (falsa) contratualização dos impostos 63
 3. A diminuição do princípio democrático (o contrato social em crise) 64
 4. A tentativa de eticizar os impostos 65
 5. O novo contrato social 65
 6. A pessoa humana e os impostos – Do eu ao nós 66
 7. Criação dos impostos, contrato social e democracia 66
 8. Tentativa de recuperação do princípio democrático – A nível da pessoa 67

II – O novo contrato social 67

 A) A criação dos "impostos" – as contribuições 67

 9. Parametrização de rendimentos. A intervenção das associações de sector 67
 10. A contratualização da matéria colectável das grandes empresas 68

 B) O procedimento – Intervenção do cidadão 68

 11. A obrigação tributária concreta 68
 12. A participação dos contribuintes 68
 13. A fixação da matéria colectável por métodos indirectos 69

 C) A contratualização da resolução dos conflitos 69

 14. A arbitragem em Direito fiscal. Obstáculos 69
 15. O desmascarar dos governantes 70
 16. Os obstáculos à arbitragem em Direito Fiscal 70
 17. A primitiva auto-composição dos conflitos 71
 18. O monopólio do Estado e dos seus tribunais – A lei como instrumento de uniformização 71
 19. Cont. – Os tribunais como instrumentos de uniformização da aplicação da lei 72
 20. A recuperação da pessoa, do cidadão e do contratualismo democrático 73
 21. A arbitragem em Direito fiscal 74

 D) Conclusões 75

 22. A recuperação da pessoa, da sociedade e do contratualismo – O Estado-dos-cidadãos 75

A ARBITRAGEM EM DIREITO TRIBUTÁRIO 77

 1. A Genelogia do Imposto – A herança de Roma 77
 2. A certeza e a segurança do Direito tributário em risco 78
 3. A manutenção das relações de dominação 78
 4. O desmascarar dos governantes 78
 5. A humanização do imposto 78

134 *O Sistema Tributário no Estado dos Cidadãos*

6. A arbitragem como ingrediente da "humanização" do Direito fiscal. A certeza e a segurança 81
7. Os obstáculos à arbitragem em Direito Fiscal 81
8. O monopólio da administração da justiça por juízes togados 82
9. O autoritarismo do Estado em matéria de impostos 84
10. O culminar do poder do Estado e o desmontar do Estado 85
11. A arbitragem em Direito fiscal 87

A RAZÃO DESCENTRALIZADORA E DESUNIFORMIZADORA E OS IMPOSTOS: A REGIONALIZAÇÃO 89

AS GARANTIAS DOS CONTRIBUINTES: A TERCEIRA GERAÇÃO 93

1. Colocação do problema 93
2. Garantias dos contribuintes 95

I – A Primeira Geração 96
3. A resposta política: a atuto-tributação 96
4. Negação das garantias efectivas 97
5. Desenvolvimento da garantia política: auto-tributação; legalidade; tipicidade; proibição da retroactividade 98
6. Previsibilidade / Estabilidade? 98

II – A Segunda Geração 99
7. O desmascarar do Estado e da autotributação: as novas garantias 99
8. Justiça / Segurança procedimental; controlo. O problema 100
9. O problema e a necessidade de resolvê-lo 101
10. Controlo da administração: os tribunais 102
11. O devido procedimento administrativo – certeza / segurança 104
12. A justiça: a capacidade contributiva e os direitos da pessoa como base 106
13. A diminuição da liberdade da sociedade civil 109
14. Os impostos e os direitos (liberdades e garantias) das pessoas – antecipa-se a terceira geração 110

III – Consagração Legislativa das Garantias de Primeira e Segunda Geração 111
15. A Lei Geral Tributária 111
16. Art. 4.º da L.G.T. – Capacidade contributiva 111
17. Art. 5.º e segs. – Aprofundamento da capacidade contributiva 112
18. Art. 7.º, 3 – Liberdade ou proibição do estrangulamento tributário 113
19. Art. 8.º – Princípio da Legalidade 114
20. Art. 6.º da L.G.T. – Características da tributação e situação familiar 114
21. Art. 9.º – Acesso à justiça tributária 115
22. Art. 11.º – Interpretação 115
23. Art. 12.º – Aplicação da lei no tempo. Proibição da retroactividade . 116
24. Art. 14.º – O princípio da previsibilidade 116
25. Princípio da Igualdade. Princípio da Indeminização do Sujeito Passivo. Um Direito Tributário "Civil" 117

26. Art. 45.º – Caducidade	118
27. Art. 48.º – Prescrição	118
28. Art. 55.º – Princípio do Procedimento Tributário	119
29. Art. 57.º – Prazos do Procedimento	119
30. Art. 59.º – Princípio da Colaboração	119
31. Art. 60.º – Princípio da Participação	120
32. Art. 64.º – Dever de Confidencialidade	121
33. Art. 67.º – Direito à Informação do Contribuinte	121
34. Art. 73.º – Presunções	121
35. Ónus da Prova	121
36. Art. 77.º – Fundamentação	122

IV – O Estado – de – Direito – Democrático – dos – Cidadãos (– dos – Direitos); Garantias De Terceira Geração 122

37. O problema. Um Direito Tributário Contratualizado e "Civil" 122

A) A Nova Auto – Tributação 123

38. Estado, Direito e Impostos 123

39. Os cidadãos e o Contrato Social 124

B) O direito de não pagar impostos: os direitos (liberdades) das pessoas 126

40. Direitos Humanos e Impostos 126

41. O que podemos fazer dos nossos impostos? 127

C) A nova obrigação tributária 128

42. Os impostos num Direito Tributário Civil – Os pressupostos 128

D) Arbitragem 130